推进
中国汽车产业
现代化

车百智库◎编

Promoting China's Automotive Industry
Modernization

机械工业出版社
CHINA MACHINE PRESS

第九届中国电动汽车百人会论坛聚焦中国汽车产业现代化议题，邀请200余位业内及跨界领域专家、学者和企业家进行了深入交流。为了更好地保存和传播本届论坛的研讨成果，中国电动汽车百人会车百智库研究院精选嘉宾演讲，提炼、分类汇编成本书。本书主要围绕如何提高新能源汽车发展水平、绿色能源和低碳环保路径、新能源汽车产业关联创新技术、提升产业链可持续发展水平、汽车产业智能化发展路径、汽车产业数字化发展趋势、先进制造赋能产业升级、新能源汽车市场与服务、推进汽车产业国际化发展、新能源汽车产业管理思路10个领域的问题进行讨论研究，提出了许多有价值的建议。

本书适合新能源汽车及相关产业管理部门工作人员，汽车及相关行业院校、科研院所科技、技术工作者，汽车及上下游企业管理人员等阅读参考。

图书在版编目（CIP）数据

推进中国汽车产业现代化 / 车百智库编. — 北京：
机械工业出版社，2023.9（2023.9重印）
ISBN 978-7-111-73724-7

Ⅰ.①推…　Ⅱ.①车…　Ⅲ.①电动汽车-汽车工业-
工业现代化-研究-中国　Ⅳ.①F426.471

中国国家版本馆CIP数据核字（2023）第159470号

机械工业出版社（北京市百万庄大街22号　邮政编码100037）
策划编辑：母云红　　　　　　　　责任编辑：母云红　丁　锋
责任校对：潘　蕊　刘雅娜　陈立辉　责任印制：常天培
北京铭成印刷有限公司印刷
2023年9月第1版第2次印刷
180mm×250mm·17印张·1插页·235千字
标准书号：ISBN 978-7-111-73724-7
定价：129.00元

电话服务　　　　　　　　　　网络服务
客服电话：010-88361066　　机　工　官　网：www.cmpbook.com
　　　　　010-88379833　　机　工　官　博：weibo.com/cmp1952
　　　　　010-68326294　　金　书　网：www.golden-book.com
封底无防伪标均为盗版　机工教育服务网：www.cmpedu.com

序

以更广阔的视野评估和部署汽车革命

2009 年，我国将新能源汽车上升至国家战略，2011 年启动产业化，至今已取得巨大成功。内燃机汽车曾改变了世界，今天，电动汽车正再次改变世界。在电动汽车进入快速普及阶段之时，决定汽车产业发展的因素已远远超出了汽车产业本身，汽车之外的因素，包括能源体系、通信系统、交通体系、智慧城市等对汽车产业的影响越来越大，这些外部因素与汽车产业一起构成了更庞大、更复杂的大系统。因此，我们需要以更广阔的视野，跳出汽车领域来评估和部署这场汽车革命，才能更加充分地获取这场变革的效益。

一、传统汽车自身的痛点和这次变革的重点

内燃机汽车，这个曾经"改变世界的机器"正在被改变。它的痛点和变革的重点在两个方面：一个是它还不够清洁，要转向电动化、零排放；另一个是经过一百多年的锤炼，它的"身躯"已十分健壮，但"头脑"却很简单，基本还停留在"从 A 到 B"的移动功能上。需要赋予它一个强大的头脑，通过人机界面，时时与外部世界保持有热度的连接，使其成为比智能手机更加强大的"超级智能移动终端"。

二、汽车的"定义"和"属性"已经改变

随着汽车革命向纵深发展，越来越多高科技公司加入其中，新能源汽车的科技含量越来越高，服务软件越来越丰富。有专业咨询公司预判，未来的汽车超过80% 的变革来自电子电气架构和软件，机械部分只是软件的执行机构。由软件定

义汽车的一个重要特征，就是使它具备了"自我进化"的能力，让汽车转化为一个可以不断进化的"新物种"。

驱动汽车功能进化的是数据，保障数据采集、处理和利用的是软件。从这个意义上说"数据决定体验，软件定义汽车"并不夸张。在软件定义汽车时代，厂家的商业模式将由"制造"转变为"制造＋服务"，而服务收益的占比会逐步增长。

三、电动汽车是拉动产业升级和经济增长的持续动力

新能源汽车有极强的能力广泛吸纳信息化、网络化、智能化、大数据、云计算以及新技术、新材料、电力电子、先进制造等方面的新技术、新发展，是众多产业融合创新的大平台。自动驾驶将为数字化和人工智能提供一个高层次的应用场景，促进人工智能技术达到一个新高度。电动汽车的广泛应用还将推动能源结构的优化、智能电网的建设、交通基础设施的升级、新一代移动通信技术的发展、产业链的调整和改造，是推动产业结构升级、拉动经济增长的持续动力。

四、电动汽车是实现道路交通"双碳"目标的重要载体，但必须用上"绿电"

车载电池是一个个移动的微储能单位，也是一个个移动的微电源，通过能源互联网与可再生能源构成最佳搭配。从灵活性、规模、成本等方面看，车载电池是储能的重要途径。电动汽车因其未来数量庞大，总体有强大的储电、放电容量，足以保障可再生能源充分发展。

可以预计，在 2025 年前，电动汽车的性价比将超过燃油汽车，太阳能和风能发电的成本将低于化石能源。市场将以强大的力量驱动汽车"油转电"，使道路交通向碳达峰、碳中和（双碳）迈进。

五、电动汽车是做强我国汽车产业的必由之路，但必须持续创新

在燃油汽车的技术路线上我们追赶了50年，没能真正翻身。这次"换道先行"却改变了我国的竞争地位。接下来更加严峻的是网联化和智能化的竞争。可喜的是，电子信息、互联网、人工智能，直至共享出行，这些方面是我们发展得比较好的领域，我国消费者对此也有较高的期望与接受度。如果可以进一步加强跨界协同创新，形成独特的优势，我们就可能赢得这场汽车革命。

六、加强顶层统筹，未雨绸缪，为未来汽车大规模进入市场做好准备

电动汽车大规模进入市场，涉及能源结构的调整、智能电网的建设、交通基础设施的升级、新一代移动通信技术的支持、产业链的调整改造，以及法律法规的跟进等，是一场波澜壮阔的工业革命。每一方面都是周期较长、牵动全社会的巨大系统工程，这些都是产业发展所必需，而仅凭企业又无法做到的。为此，政府需要未雨绸缪，做好统筹规划和顶层设计，给市场和社会应有的预期，并有序推进。

对这一轮汽车革命连同能源革命、技术革命、产业革命、交通革命，我国几乎比任何国家都有更加热切的期待。这次汽车颠覆性变革的底层是可再生能源，是电动化、网联化、智能化、共享化的高度融合。而这几个方面恰恰是我国近年来发展状况良好的新兴领域，我国有较强的比较优势。如果把握得好，我们完全有可能成为一个赢家。

中国电动汽车百人会理事长

前　言

　　全球汽车产业正处于从燃油时代向电动化、智能化时代转型的剧变时期，如何把握中国汽车产业发展脉搏、探索产业强国之路，是业内外人士共同关心的话题。2023 年 3 月 31 日—4 月 2 日召开的第九届中国电动汽车百人会论坛聚焦中国汽车产业现代化议题，邀请 200 余位业内及跨界领域专家、学者和企业家进行了深入交流。

　　为了更好地保存和传播本届论坛的研讨成果，中国电动汽车百人会车百智库研究院精选嘉宾演讲，提炼、分类汇编成《推进中国汽车产业现代化》一书。本书围绕如何提升新能源汽车发展水平、绿色能源和低碳环保路径、新能源汽车产业关联创新技术、提升产业链可持续发展水平、汽车产业智能化发展路径、汽车产业数字化发展趋势、先进制造赋能产业升级、新能源汽车市场与服务、推进汽车产业国际化发展、新能源汽车产业管理思路 10 个领域的问题进行讨论研究。来自政府、大专院校、科研院所、企业等约 100 位演讲嘉宾及两院院士，以不同视角对这些问题进行了分析和阐述，提出了许多有价值的建议。

　　我国汽车产业的减碳减排之路怎么走，是"全面提升新能源汽车发展水平"的核心议题，要解决汽车全生命周期及生产全过程的碳排放问题，实现新能源汽车的发展与绿色能源的发展协同融合。"绿色能源和低碳环保路径"篇，讨论的是我国出现的新能源汽车快增长、缺利润，燃油汽车缺增长但有利润的不可持续问题。"新能源汽车产业关联创新技术"篇聚焦的是，新能源汽车技术路线呈现出多元化发展趋势，在下半场的竞争中谁更有优势？嘉宾们的观点是，电动化、智能化是新能源汽车的核心竞争力，决定下半场竞赛规则的，是在电动化、智能化融合的基础上率先实现重大突破的技术，在这方面，纯电动仍将居于主导位置。

"提升产业链可持续发展水平"篇，探讨了动力电池、上游原材料、汽车芯片、操作系统等产业链核心产品的现状和趋势。大家的共识是，受地缘政治影响，汽车产业链国际一体化的格局正在改变，要下大力量建立和完善自己的供应链。"汽车产业数字化发展趋势"篇关注的是，汽车产业怎样应对供应链短缺、贸易战、通货膨胀等短期挑战和电动汽车主导、智能驾驶普及、软件及服务收入增加等中长期结构性挑战。"推进汽车产业国际化发展"篇，研究的是中国汽车产业在智能化和电动化领域实现领先，在国际市场取得突破后，如何迎接新的挑战。从产品结构上，国内汽车企业"出海"已具备时间上的代际优势，创新技术的应用落地带来产品优势，高端电动汽车品牌在国际市场具有更大的发展空间，中国汽车产业应抓住历史机遇，抱团"出海"，实现国际生产和销售布局。

希望本书能够帮助汽车行业从业者把握我国汽车产业的竞争趋势、国际汽车市场的变化、未来发展走向；帮助有志进入汽车行业的人士了解汽车产业现状、发展趋势。感谢授权我们出版此书的演讲嘉宾。借此书的出版，向所有参与新能源汽车产业发展的工作者致敬，向所有关心支持新能源汽车发展的人士致敬。

目　录

序　以更广阔的视野评估和部署汽车革命

前言

第一篇　全面提升新能源汽车发展水平，加快实现汽车产业现代化

协力奋进　奋楫笃行　合力打造开源开放的智能驾驶操作系统 /002

我国汽车产业减碳减排的路径 /005

支持新能源汽车发展　积极应对国际挑战 /010

学习借鉴汽车产业　为人民群众建造好房子 /014

第二篇　绿色能源和低碳环保路径

01 技术发展推动能源革命 /018

碳中和战略引爆新能源革命 /019

技术路线多元化　纯电、醇氢各有所长 /024

"双碳"目标下的光储充放技术及展望 /026

02 充换电基础设施建设推动交通部门绿色低碳转型 /029

中国充电基础设施发展现状及建议 /030

换电重卡是我国新能源重卡减碳的"主角" /032

换电模式推动"双碳"目标实现 /034

换电重卡加快发展需要产业链上下游加强协作 /036

03 领军企业的绿色低碳管理 /038

让电力变成算力，算力变成生产力 /039

新能源汽车参与电网负荷调节 /041

按全生命周期需求参与碳管理 /043

04 中国中重型货运部门减碳路径 /045

中重型货车零排放转型是交通部门运输深度减排的关键 /046

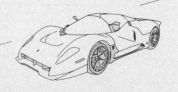

推进中国汽车
产业现代化

对商用车零排放转型的四点建议 /048

换电重卡三大发展趋势 /049

第三篇　新能源汽车产业关联创新技术

01 汽车成为消纳新技术的最大载体 /052

汽车革命和"四网四流" /053

两化融合重新定义新能源汽车 /055

整车应用牵引上下游协同创新 /058

全场景加电打破电动汽车补能焦虑 /060

02 以技术创新强化新能源汽车"软实力" /063

通用人工智能驱动智能驾驶成长 /064

打造中国适用的智能驾驶技术 /066

自动驾驶应选择可用的技术路线 /068

突破长续驶里程：中国电动重卡对特斯拉的追赶与超越 /070

03 新能源汽车充换电技术发展 /073

充换电技术加速变革落地 /074

"多枪快充"可解决充电难瓶颈 /076

重卡充换电发展现状与建议 /078

极速充电电池赋能电动汽车普及，助推"双碳"目标实现 /080

第四篇　提升产业链可持续发展水平

01 动力电池产业迎来最好时代，也面临更大挑战 /084

从"有"到"好"，动力电池如何备战"下半场" /085

不做跟随者　以技术创新开辟新路线 /087

智能拆解技术提高动力电池回收利用水平 /089

"芯安锂得"：构建退役动力电池循环利用闭环生态 /091

富锂锰基材料有技术和成本优势 /094

02 领军企业打造全球竞争力 /096

理想汽车为什么能够连续推出爆款产品？ /097

发挥链主作用　行业龙头要率先突破 /100

技术进步＋商业模式创新将成为新能源商用车发展的重要路径 /102

我们还要为最后的胜出进行投入 /104

03 加速汽车芯片国产化应用 /106

RISC-V 架构助力基础软件自立自强 /107

自主创新　迎接中国汽车产业"智变时刻" /109

释放汽车模拟芯片新潜力 /112

芯片真创新　驱动新未来 /114

第五篇　汽车产业智能化发展路径

01 打造以消费者为中心的智能驾驶新体验 /118

构建以用户为中心的新型合作模式 /119

用人工智能打造高品质的汽车听享空间 /122

智能电动汽车的更新周期是两年 /124

干线物流自动驾驶要从有人监督的高级辅助驾驶做起 /127

02 芯片产业助力智能化发展 /129

以人为本，回归理性，聚焦高级辅助驾驶 /130

AI 赋能快乐出行 /133

大算力、大数据、大模型在自动驾驶 3.0 时代的实践 /135

四芯合一　拥抱中央计算 /137

用户价值引领汽车智能化方向 /139

03 构建新一代汽车操作系统产业协作新生态 /141

开放平台赋能自动驾驶共建共享 /142

建设汽车操作系统产业开放合作新生态 /144

从根构建新一代汽车操作系统 /146

立足 ICT 硬实力　共谋数智汽车新生长 /148

构建广义汽车操作系统新生态 /150

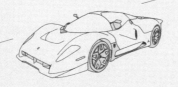

推进中国汽车
产业现代化

第六篇　汽车产业数字化发展趋势

01 重视数据在数字化转型中的价值及数据安全 /154

　　数据促进汽车制造与服务融合 /155

　　汽车数据安全合规手段的智能化演进及挑战 /157

　　高精度惯导能为高级别自动驾驶提供安全保障 /159

02 数字化是应对汽车产业新竞争格局的抓手 /162

　　数字化转型是汽车价值体系重塑的主要抓手 /163

　　数字化技术提高充电设施资产运营效率 /165

03 车路城协同发展加快汽车产业转型升级 /167

　　车路城协同的中国方案与双智 3.0 /168

　　车路协同的可持续发展 /171

　　限定区域无人驾驶和车联网协同发展为中国商用车发展带来机会 /174

　　城市智慧化治理探索 /176

第七篇　先进制造赋能产业升级

01 "他山之石"赋能汽车生产方式变革 /180

　　消费电子自动化理念在车载产品上的应用 /181

　　模具制造助力汽车生产新方式 /184

　　从赋能至产能"T 零量产"的实践 /186

　　滑板底盘助力新能源商用车标准化定制化 /188

02 推动汽车产业高质量发展 /190

　　检测认证助力汽车行业高质量发展 /191

　　"扎根中国　放眼全球"的高质量发展路径 /193

　　半导体技术赋能未来汽车　推动全球智能汽车高质量发展 /196

第八篇　新能源汽车市场与服务

01 我国新能源汽车市场消费特征与趋势 /200

四个市场化力量推动新能源汽车市场发展 /201

我国已进入新能源汽车快速普及和对燃油汽车的加快替代阶段 /203

数据驱动汽车安全升级　技术赋能服务体系建设 /205

新能源汽车后市场检测需要新技术新方法的支持 /207

02 科技引领消费变革 /209

数字化带来消费者主权需求崛起 /210

科技创新助推高质量发展 /211

抓住窗口期乘势而上　打造新能源时代的世界级汽车品牌 /213

03 新能源汽车用户服务变革与创新实践 /215

电动汽车售后服务创新实践与展望 /216

与上下游合作伙伴共建新能源售后生态圈 /218

共建数字化质保体系　让车生活更美好 /220

商业模式创新和生态共建要解决用户痛点 /222

第九篇　推进汽车产业国际化发展

01 全球汽车供应链的新变化新形势 /226

稳定全球新能源汽车供应链的三大核心要素 /227

全球汽车供应链的新挑战与新对策 /228

构建自主汽车技术体系标准 /230

02 跨国汽车企业加速推进战略转型 /232

在华外资汽车企业加速电动化数字化转型 /233

推动新能源汽车可持续发展 /235

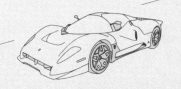

推进中国汽车
产业现代化

03 中国新能源汽车国际化发展趋势 /237

　　智电新汽车　共创新生态　在新赛道上打造世界级品牌 /238

　　中国新能源汽车产业链融入全球市场的机遇与挑战 /240

　　中国动力电池产业全球化面临三大挑战 /242

第十篇　新能源汽车产业管理思路

01 汽车生产企业及产品准入管理 /246

　　深化我国汽车管理体系与机制改革十分必要 /247

　　建议创立《中华人民共和国机动车辆法》/249

　　智能网联汽车吹响数据安全治理号角 /252

02 新形势下的汽车产业对外投资管理政策 /254

　　"走出去"是实现汽车强国的必由之路 /255

　　中国 – 东盟新能源汽车产业协同发展建议 /258

推进中国汽车
产业现代化

1953　　　　　　1959　　　　　　1969　　　　　　1979

第一篇
全面提升新能源汽车发展水平，加快实现汽车产业现代化

全国政协经济委员会副主任、
工业和信息化部原部长

苗　圩

协力奋进　奋楫笃行
合力打造开源开放的智能驾驶操作系统

2023 年 2 月 21 日，中共中央政治局就加强基础研究进行了第三次集体学习，习近平总书记在主持学习时强调，要打好科技仪器设备、操作系统和基础软件国产化攻坚战，鼓励科研机构、高校同企业开展联合攻关，提升国产化替代水平和应用规模，争取早日实现用我国自主的研究平台、仪器设备来解决重大基础研究问题。

随着汽车产品向电动化、智能化方向演进，软件定义汽车、数据决定体验的作用日益彰显，车用操作系统成为行业关注的焦点。如何最大限度地满足用户个性化需求，实现汽车产品和服务的千人千面，已经成为趋势。在这个趋势下，软件在新能源汽车、智能网联汽车发展中发挥的作用越来越重要，对于智能网联汽车而言，做好上层应用和服务的关键要素之一，就是必须要有好的操作系统作为依托。

操作系统技术复杂，资金密集，开发难度大。作为一个支撑实现闭环控制的复杂大系统，智能驾驶操作系统的开发难度远超计算机和手机，开发投入强度大，加之汽车行业高安全性、高可靠性要求，智能驾驶操作系统开发更是难上加难。手机操作系统出了问题，结果顶多是死机，解决方案可以是关机重启。智能驾驶操作系统如果出了问题，有可能是车毁人亡，确保智能驾驶操作系统安全可靠运行的需求要远高于计算机和手机。大多数中国汽车企业并不具备独自打造智能驾驶操作系统的能力，软件开发企业对汽车功能、用户需求以及安全性、可靠性等行业要求也缺少经验。凝聚行业力量，组织起来共同打造开放甚至开源的智能驾驶操作系统，应该成为汽车企业和软件企业的共识。

首先，要辩证处理好三对关系。

一是开放与开源的关系。随着全球化进程的复杂演进、全球价值链的深刻调整和社会分工进一步细化，加之汽车产业链长、关联度高、跨界融合等特点，开放必将是汽车产业的战略选择。同时，基于国内产业基础薄弱、资源分散等客观实际，无论是从降低企业成本、增加产品竞争力方面考虑，还是从产业链、供应链韧性和安全方面考虑，基于开源开放模式，合力打造一套智能驾驶操作系统，应该成为行业的迫切选择。当然，开源模式的落地需要核心企业的参与，还要具备统一的总体架构、可持续的商业模式等条件，这些都还需要深入的探索。具体方式上，也可以考虑采取部分开源、有条件开源等方式稳步推进，但核心是要形成合力。

二是芯片和操作系统的关系。对于智能网联汽车而言，软硬件分层解耦是大趋势。汽车芯片、操作系统以及上层算法应用之间的逻辑解耦，有利于分工协同、快速迭代。但解耦的目的是一套操作系统可以适配多种不同的芯片、功能软件和应用软件，在实际应用中实现软硬件高效协同、发挥最佳组合效能，形成综合竞争优势。自动驾驶芯片算力固然重要，但先进算法、软件开发生态等同样重要。英伟达智能驾驶计算平台之所以获得行业青睐，除了其强大的芯片算力外，CUDA 工具包、开发者社区等同样也是关键因素。最近热议的以 ChatGPT 为代表的大模型，深究其底层原理，除了算法和数据外，高性能芯片和基础软件之间的高效协同同样必不可少，甚至可以说至关重要。

三是内核与操作系统的关系。操作系统内核是操作系统最基本的部分，提供操作系统最基本的功能，决定着操作系统的性能和稳定性，对于智能驾驶操作系统这个复杂大系统而言，甚至可以理解为操作系统的系统。宏内核和微内核在技术特性上各有优势，针对不同场景都有用武之地，智能驾驶操作系统竞争的关键还是生态的竞争。我们还是要采用系统工程思维，认真梳理智能驾驶操作系统的功能定位和总体架构，合理规划技术演进路线。在协同推进操作系统研发、应用的同时，高度重视开发调试工具、应用软件、开发者社区等建设，着力打造开放共赢的生态系统。

其次，如何打造开源开放的操作系统？

智能网联技术和产品仍在快速迭代，应用场景、商业模式、竞争格局等尚未定形，智能操作系统发展仍处于关键窗口期，未来3~5年是决胜的关键，我们必须要有"时不我待"的紧迫感。

一方面，我们应该群策群力，加快智能驾驶操作系统上车应用和产业生态建设。应加强开放合作，趁全球自动驾驶汽车格局未定之时，以应用需求为牵引，以市场为导向，加快把安全可靠的智能驾驶操作系统开发出来，真正实现上车应用。在这个过程中，汽车企业要发挥好主导作用，联合软件企业、互联网企业共同打造智能驾驶操作系统。同时，应以工程化应用为导向，持续推进标准体系建设、生态建设以及内核、中间件、测试工具等研发。

另一方面，应前瞻布局，不断探索车路云协同方案。在推进单车智能的同时，立足体制机制优势，组织汽车、通信、交通等行业加强车路协同、车路云一体化等方案研究，认真梳理应用场景，提出分步推进建议。可以协调推动地方政府和企业，围绕场景应用，适度超前加快车联网建设，在前期开展测试验证的基础上，抓紧形成统一的标准规范。应聚焦车辆运行安全性和可靠性要求，加强实证研究，加快路侧单元标准的制定和统一，明确车联网建设要求。

中国工业经济联合会会长、
工业和信息化部原部长
李毅中

我国汽车产业减碳减排的路径

我讲两个问题：第一个是汽车减排路径，第二个是融合发展。

一、我国汽车产业减碳减排路径

在汽车全生命周期中，一是测算汽车包括动力蓄电池制造过程中，除直接耗用的化石能源排放的二氧化碳以外，用电等的间接排放，耗用的金属、非金属材料等碳足迹所关联的二氧化碳的排放；二是计算汽车在使用过程中耗油耗气、直接排放和耗电间接排放的二氧化碳量，也就是道路交通的碳排放量；三是计算汽车在报废、拆解、回收过程中二氧化碳的排放量，以及能耗、物耗折算的排放量。这样全方位、全过程去测算、统计，可以清晰地了解到汽车在全生命周期中的碳排放。

1）我国汽车产量和保有量均居全球之首，目前道路交通二氧化碳的排放量约一年 8 亿吨，占全国总排放量的 7%。提高燃油汽车经济性仍然是近期降低碳排放的重要方面。2022 年，我国汽车总保有量为 3.2 亿辆，其中燃油汽车占比为96%，一年消耗汽柴油 2.6 亿多吨。如果进一步提高节能技术，改善汽柴油质量，油耗每下降 1%，同口径全年就可以节油 260 万吨，减少二氧化碳排放近 750 万吨。从 2016 年到 2020 年，我国国产乘用车新车百公里耗油一年大概降低 2.1%，现在的水平是百公里油耗为 6.2 升，还要力争达到国际 5 升以下的水平。

预测到 2030 年，我国燃油汽车产量还可能占一半，保有量中燃油汽车仍然占近 80%，所以要持续提高内燃机的效率，加快老旧车辆的淘汰更新。2023 年 7

月 1 日推行国六 B，今后可能还有更严格的排放标准，同时我们要继续提高汽柴油的质量。

2）从中长期看，电动汽车将成为降碳的主要方面。纯电动汽车在使用中不直接产生二氧化碳，但 2022 年我国电力构成中的火电仍然占 66.6%，2/3 还是火电，生产 1 度⊖电要伴生 565 克二氧化碳。按电动乘用车百公里耗电 15 度计算，就是排放 8.5 千克二氧化碳。以燃油乘用车百公里油耗 6.2 升计算，二氧化碳排放量是 13 千克，即便从使用环节来看，纯电动汽车可以减排近 40%。随着电力中非化石能源占比越来越高，以及电动汽车能效提高，减排效果会更加明显。

我国 2022 年新能源汽车产量 700 万辆，保有量 1310 万辆，预计到 2030 年，产量超过 1500 万辆，保有量达到 1 亿辆，这为汽车产业以及道路交通碳达峰奠定了基础。

3）我们要重视汽车制造和报废、回收全生命周期的减碳减排。数据显示，在汽车全生命周期碳排放中，燃油汽车车辆周期碳排放占 24%，电动汽车车辆周期碳排放占 46.2%。因此，我们要同时重视制造、维修、报废、回收环节的节能、节电、节材，尤其对电动汽车要更加重视。比如说轻量化，我们采用铝合金和碳纤维等轻质高强材料，同时改进制造工艺；比如搞一体化压铸，就可以优化汽车结构，减轻自重。电动汽车提高电池能量密度，减轻电池重量，还要大力减少动力蓄电池制造环节的能耗、物耗。退役电池可以梯次使用，报废时可以回收锂、钴、镍这些贵金属。废旧车辆回收拆解可以获得 70% 的材料再利用，零部件搞再制造，可以减碳 70%。

4）智能网联是减碳减排的新动力，"人、车、路、网、云"一体化实现无人驾驶安全、高效、节能，据统计，可以提升出行效率 20%~30%。所以，减碳减排，要成为智能网联的初衷之一。

在开始搞智能网联时，我们没有把减碳减排作为重要目标。2022 年我国 L2

⊖ 1 度 =1 千瓦·时。

级辅助驾驶汽车的渗透率为 34%，预测到 2030 年 L3 级自动驾驶汽车的渗透率将达到 70%，这很鼓舞人心。改进提升电动汽车的感知系统、规划控制系统以及智能座舱等系统的数字化水平，提高单车智能，建设道路和建筑设施的感知系统，打造智慧出行"车行网"，以车载智能平台与车城网联网来实现车路协同。

二、密切绿色能源与新能源汽车的融合

提高电动汽车减碳减排成效，要从提升供电侧绿电比重和用电侧科学合理用电着手，进而开发可调节资源，两个方面要协同努力。

1. 大力发展非化石能源，加大"西电东送"

2020 年我国非化石能源占比是 15.9%，2022 年这一数据提高到 17.5%，2025 年将达到 20%，2030 年将达到 25%。我国发电装机容量目前为 25.6 亿千瓦，其中非化石能源装机已占 48%。水电、光伏、风电位居全球之首，核电全球第三，今后仍然要积极有序、分门别类发展。2022 年我国总发电量为 8.85 万亿度，其中非化石能源占 33.4%，2030 年占比将超过一半。鉴于我国发电能力和用电重点地区相距遥远，一个在西部，一个在东部，所以要持续加快特高压输电站建设，加大西电东送。据统计，2022 年全国跨区输电能力已经超过 1.6 亿千瓦，实际送电 7654 亿千瓦·时，仅占总发电量的 8.6%。跨省送电 1.77 万亿千瓦·时，占总发电量的 20%，预测今后还会继续加大。

2. 持续加强智能电网和灵活电源建设，保障供电安全稳定和高效

高比例非化石能源发电给电网稳定带来挑战，要持续构建智慧电网，推动"储能 + 新能源"模式，实现"源、网、荷、储"相协调。目前我国储能装机容量 5400 万千瓦，其中主要是抽水蓄能发电。化学储能 870 万千瓦，占比不高，需要加快建设。还要加大研发投入，采用更先进的储能方式，并对相关煤电机组

进行灵活性改造，使其具有 30%~100% 的功率调节性能。还要建设必要的分布式绿色电网，保证绿电的集输消纳，实现"风、光、储、输"一体化，尽量减少弃风、弃光、弃水。

电动汽车需求侧要继续提高动力蓄电池能量密度，研制更先进的新型电池，比如钠电池、固态电池等。加快充电桩建设，达到合理利用。同时，通过智能有序充电、车网互动（V2G）、更换电池、退役电池储能等方式缓解电网压力。把电动汽车动力蓄电池纳入电网，实现智能充放电，形成规模大、成本低、分布式的储能体系，是我们努力的方向。据测算，2035 年，电动汽车每天灵活性调节能力将达到近 120 亿千瓦·时。

3. 深化电价改革，加快推进碳交易市场建设

电价是敏感的市场要素。火电和非化石能源发电成本不同，风电、光伏电经过多年改进降低了发电成本，国家取消了上网补贴。为调动中西部供电积极性，绿电上网电价不宜压低。为保证电网稳定，电网企业增加了基础设施建设，从而增加了投资和运行费用，所以电网还应该有合理收益，不能赔钱。

要加快推进电价市场化改革，建立适应新能源特性的市场价格调整机制，推进跨区跨省输电价格改革，降低跨省跨区交易的价格壁垒。要完善峰谷分时电价制度，适度拉大峰谷价差，还要通过价格信号引导储能、虚拟电场等新型主体发挥调节作用。

我国碳交易市场经过多年试点，2021 年 7 月正式开通，但目前只有电力行业的大中型企业可以入市，应该让更多用能企业，包括汽车企业进入碳交易市场。除了执行"碳配额"交易外，还应创造条件开通自愿交易，主动多用绿电降低二氧化碳排放，或者采取措施增加"森林碳汇"。

有机构测算，2030 年我国汽车保有量可能增加到 4.5 亿辆，其中新能源汽车 1 亿辆。现在道路交通二氧化碳的排放量是 8 亿吨，要控制在 10 亿吨以内，并在

碳达峰以后下降。

电动汽车取代燃油汽车是大方向，不必过分担心新能源汽车产能过剩，关键是抓好产品结构和质量品牌优化，依靠优胜劣汰的市场法则去调控。

要关注新能源汽车的外部关联行业，比如能源、交通、有色金属、钢铁、石化等行业，解决整个产业链、供应链上的痛点和难点。汽车行业的同事们不仅要关注行业自身数字化、绿色化，也要关心上述行业的改革转型，相互促进，协调发展。

第十三届全国政协常委、
财政部原部长
楼继伟

支持新能源汽车发展　积极应对国际挑战

下面探讨 2023 年经济发展和"十四五"时期的若干难点。

第一，2023 年的经济发展目标。

政府工作报告提出的 2023 年经济发展目标，是国内生产总值增长 5% 左右、城镇新增就业 1200 万个左右、城镇调查失业率 5.5% 左右、居民消费价格涨幅 3% 左右。

5% 左右的国内生产总值增长率并不太高，估计有两方面考量。一是要实现远景目标，2035 年人均收入达到中等发达国家水平，年均增长需 4.7%，2023 年应该定高一点。二是 2022 年只有 3%，相比之下，过去 5 年年均增长 5.2%，而且是在疫情冲击下达到的，如果不受负面因素影响，2023 年的预期目标应该在 5.5% 以上。

压低预期增长目标还受一些负面因素影响。

一是政府隐性负债率，主要是地方政府隐性负债率过高，大约 50%，再靠不断增加隐性债务、靠政府高杠杆、基建投资带动经济发展的做法已经不可持续。中央的态度十分明确，要坚决遏制隐性债务增量，稳妥化解存量。

二是房地产市场尽管出现了触底反弹迹象，但是回升缓慢。我国城镇居民的住房资产占家庭总资产的比例接近 60%，这也是我国将房地产业列为支柱产业的重要原因，房地产继续下行会显著制约消费增长。

三是全球经济疲软。全球通货膨胀问题还没有解决，又出现一些中小银行危机，所以既需要控制风险，又需要控制通胀，这导致全球贸易大幅萎缩，还有其他原因使我们的一些订单向其他国家转移，外贸不乐观。

四是外商投资出现转弱趋势。商务部数据显示，2022年我国实际利用外资直接投资金额达到1891亿美元，同比增速达到8%，这是按照流入量计算，没有计入存量的撤资。富士康、苹果和一些日韩企业正加大东南亚布局，其中不乏关闭在华企业转移到境外的例子。光算流量不全面，还要看撤出量。

五是市场信心不足。民营企业、外资企业、居民、房地产平台经济等领域都存在信心不足问题，外资企业撤资就包含信心不足因素，居民提前还房贷、储蓄增长也反映信心不足。要采取应对措施，但是信心恢复需要一个过程。

总之，2023年把预期增长目标设定在5%左右是比较恰当的，达到这样的预期目标并不容易。居民消费价格指数（CPI）目标设在3%左右，因为我们处在复苏阶段，输入性的大宗商品价格上涨很难传递到零售价格，这方面问题不大。

第二，2023年政策的要点。

2023年的政策要点在2022年中央经济工作会议上已经提出。总体要求是坚持稳字当头，稳中求进，突出做好稳增长、稳就业、稳物价工作，有效防范化解重大风险，推动经济运行整体好转。在政策作用点上的要求是，着力扩大国内需求，把恢复和扩大消费摆在优先位置。

2023年的财政政策赤字率设定为3%，比去年提高0.2个百分点，增加的全是中央赤字，地方没有增加，主要安排对地方转移支付。可以大比例用于保障基本民生、保障基层运转，对恢复和扩大消费有支撑作用。

具体做法是继续实施税费优惠政策。政府工作报告提出完善税收优惠政策，对现行减税降费、退税缓税等措施进行延续和优化。2022年最大的一项优惠政策是增值税留抵退税，退税总额2.4万亿元，受益最大的是制造业和交通运输业，小微企业也受益很大。这项制度还会延续。

第三，"十四五"时期的一些难点问题。

2023 年是"十四五"规划的第三个年头，面对一些既影响当前又波及长远的现实问题，需要尽快采取措施逐步解决。主要包括房地产问题、隐性债务问题、资本无序扩张问题等。

第四，如何实现"双碳"目标。

"双碳"目标是 2020 年 9 月，习近平主席在第七十五届联合国大会一般性辩论上提出的，中国力争 2030 年前实现碳达峰，努力争取在 2060 年前实现碳中和，这就是"双碳"目标的初始来源。"力争"和"努力争取"，说明实现"双碳"目标是非常不容易的，而且留有余地。

我们正处于工业化中后期，经济发展中碳排放量还会不断增加，发达国家已经进入后工业化时期，完成了碳达峰。

如果我们实行过于激进的减排策略，将严重制约经济发展。目前，有关部委已经初步制定了"1+N"碳达峰指导性政策，而对碳排放的标准、碳排放的测度、碳定价还没有清晰的规范。我们的碳市场已经开始运行，但规模小，二氧化碳排放权市场定价是 50 元 / 吨。欧洲的碳排放交易市场已经运行十多年，价格达到 1000 欧元 / 吨，火电占比逐步下降，目前为 44%，我国为 71%，任务是十分艰巨的。

道路交通工具有一个特殊情况，我国的税制有两个专门税种和车辆有关，一个是车辆购置税，专项用于修建公路；一个是燃油税，专项用于维护现有道路。

新能源汽车比传统燃油汽车更为环保，但新能源汽车也需要在道路上行走，也需要新建道路，并对已有道路造成损害。目前对新能源汽车免征购置税，当然它也不需要交纳燃油税，这引起了争议，有观点认为，从税制公平角度看，对新能源汽车是过度优惠。

新能源汽车免征购置税政策将在 2023 年年底到期，有可能不再延续。相关部门是否可以通过大数据获知新能源汽车行驶里程，据此征收养路税，对应燃油税，找到既公平又相对简便的办法。将鼓励更为环保的出行方式同公路建设分开，用碳税＋碳补贴或者碳排放交易权的方式，鼓励新能源汽车的发展。

另一个问题是，一些发达国家利用环境保护议题实行贸易保护，欧洲已要求向其出口的厂商 2024 年提供产品的累计碳排放量，也就是碳足迹。新能源汽车比较典型的是电池，包括上游供应商，生产过程中一共产生了多少碳排放，2024 年开始报告，2026 年开始征收碳关税。税率按照进口国减排标准测定，按其碳交易定价 1000 欧元／吨，远高于我国 50 元／吨的定价。世界银行统计，中国出口产品在这项政策下，关税将达到 26%，汽车在全部产品中属于关税更高的类型，税率可能比 26% 还要高。

我国乘用车，特别是新能源汽车对欧洲的出口正在快速增长，会受这项贸易措施的冲击，需要国家层面做出协调，包括坚持共同但有区别的责任，发达国家有责任提供资金支持发展中国家。我国对实现"双碳"目标是坚定的，但同各国一样都需要一个过程，这一贸易措施也迫使我们尽快完善实现"双碳"目标的体制机制。

住房和城乡建设部
党组书记、部长

倪　虹

学习借鉴汽车产业　为人民群众建造好房子

习近平总书记强调，让老百姓幸福就是党的事业。衣食住行是老百姓关注的头等大事，安居乐业是人民群众对幸福最朴素的期待。汽车是行的工具，房子是住的载体。好汽车和好房子，都是人民群众的美好生活需要。住房和汽车联系很紧密，有一种汽车，就叫房车。可以说，汽车和住房跨界的空间是很大的。

他山之石，可以攻玉。要学习借鉴汽车产业，为人民群众建造好房子。

第一，在设计上，要像智能汽车一样以科技赋能住宅。现在，智能汽车已经广泛应用5G通信、物联网等新一代信息技术，大大改善了人们的驾驶和出行体验。建造好房子，也要运用数字化手段，使房子成为科技集成应用的重要载体，让人们在房子里住得更健康、更安全、更方便。比如，让房子可以根据主人的需要，自动调节通风、采光、照明、温度、湿度等，营造舒适的居住环境；通过传感器等物联设备，可以及时预警和防范火灾、燃气泄漏等事故发生，加强对独居老人、儿童的安全健康监测，提高社区和家庭安防水平，等等。在广东调研时，我们看到一些企业研发的全屋智能产品，科技含量很高、用户体验很好，很受启发。此外，把太阳能发电和住宅、企业的储能、用能进行跨界协同，可能是一个很大的蓝海市场。我们将会同有关部门，让新一代信息技术进家庭、进楼宇、进社区，共同建设数字家庭、智慧社区、智慧城市，让科技更多造福群众生活。

第二，在建造上，要像造汽车一样造房子。汽车是由成千上万个来自生产线上的零部件通过科学设计、精密焊接组装而成的。我们也要学习这种工业化的生产方式，大力发展装配式建筑，实现房子的标准化设计、工厂化生产、装配化施工、一体化装修。这样，既有利于老房子的更新改造，方便维修更换部品部件，又有利于减少建筑垃圾、施工扬尘等传统方式带来的环境污染，提升劳动生产效率和质量安全水平。同时，我们看到，以电动汽车为代表的新能源汽车正在加快发展，有力推动了减污降碳和节能环保。造房子也要坚持绿色发展理念，大力推广使用健康、环保、安全的绿色低碳建材，打造绿色建筑，为人民群众提供高品质的建筑产品。

第三，在使用上，要像汽车一样建立房屋体检和保险制度。汽车根据使用年限进行年检以保证安全，买汽车后就要买保险。我国城镇化发展到现在，很多房子变成了老房子，老房子可能存在一定安全隐患。要学习汽车行业的做法，建立房屋定期体检制度，按照房屋建成年代、功能类型确定体检频次，及时查找和发现问题。体检出来的问题就是房屋更新改造的重点，可以有针对性地采取措施，消除房屋安全隐患。同时，要建立房屋质量保险制度，以市场化手段推动完善工程质量和房屋安全监管机制。总之，要通过完善的制度设计，为房屋提供全生命周期的安全保障，切实维护人民群众生命财产安全。

第四，在服务上，要像汽车 4S 店一样搞好物业服务。4S 店为汽车提供全方位一站式服务。好房子也应该有好服务，好服务要靠好物业。现在，一些物业企业积极探索新业态新模式，比如，有的建立了物业服务"抢单"平台，业主可通过手机 App 提交维修等需求，物业人员抢单跟进处理。传统的方式是，家里哪里坏了要等着维修人员上门，可能一个小区只有一个维修人员，修完上家修下家。现在通过抢单的方式，把一个片区的维修人员整合起来，让有困难的群众更快得到有效服务，既提高了业主需求的响应和处置效率，又提升了业主的居住生活体验。要努力提高物业管理覆盖面，坚持党建引领，引导广大物业企业提高服务水平，让人民群众在美好家园里享受优质服务、获得更多幸福。

推进中国汽车
产业现代化

01　技术发展推动能源革命

02　充换电基础设施建设推动交通部门绿色低碳转型

03　领军企业的绿色低碳管理

04　中国中重型货运部门减碳路径

第二篇
绿色能源和低碳环保路径

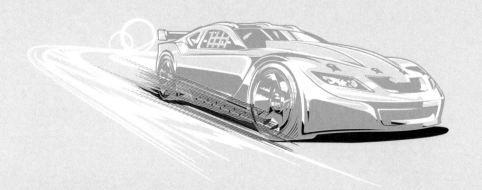

01

技术发展推动
能源革命

中国科学院院士

欧阳明高

碳中和战略引爆新能源革命

2023 年，我国进入了新能源汽车革命与汽车产业深度转型的阵痛期，突出的是三大问题。

一，**整车价格竞争与汽车产业链的转型阵痛。**新能源汽车全面挤压燃油汽车市场，挤占不少市场份额，新旧竞争拉开了"辽沈战役"式的决战序幕，还没到"淮海战役"。

总体看，新能源汽车是快增长、缺利润，燃油汽车是缺增长，但还有利润，新能源汽车的成本仍然高于燃油汽车。新能源汽车的品牌和影响力溢价在上升，合资燃油汽车的品牌溢价在下降，高品质的新能源汽车可以与合资燃油汽车进行价格竞争，但在成本方面还无法竞争。同时，新能源汽车阵营不断扩大，你追我赶，竞争进入阵地战阶段，市场进入淘汰赛阶段。

二，**大规模的新能源汽车普及，带来了电动汽车充电难与能源产业链转型的阵痛。**新能源汽车大规模的快速普及超出了电力行业的预期，城市配电网负荷压力大，转型有序充电和车网互动挑战多。石化行业面临燃油供应量减少、不熟悉的快充与快换需求急剧增加、相对熟悉的氢燃料业务发展迟缓三重挑战。新发展的充换电产业链商业模式还不成熟，标准化、规范化程度还不高，亟须确定新能源行业的战略定位。新能源汽车与光伏等新能源产业的大发展倒逼能源产业转型，但能源产业市场化改革任重道远。

三，**电池锂价波动与电池产业链的转型阵痛。**借助电动交通和储能多个风口，电池产业突飞猛进，但锂价波动、产业膨胀、竞争加剧、业绩不稳。随着对电池认识的加深，更多整车企业进入电池产业，电池产业链与整车产业链的结构性矛盾加剧。

从中长期看，车用电池虽然有储能等其他行业应用，但是车用还是占到70%，储能约占整个电池产量的百分之十几。如何优化电池企业的定位？电池企业要选择作为新能源企业，还是作为汽车零部件供应商。企业定位和创新商业模式成为当务之急。

为解决这三大问题，提出三条建议。

第一，深化电动化，实行纯电动汽车（EV）和插电式混合动力汽车（PHEV）双轮驱动。

汽车全产业链转型新能源汽车大约还需要10年，过渡与转型要并行互动，深入推进纯电驱动转型战略。比亚迪2022年成功转型为全新能源汽车生产企业，纯电动和插电式混合动力车型产量各占一半，共186万辆，异军突起，全面盈利，其成功经验就是推行双轮战略。

双轮战略有利于汽车全产业链平稳过渡，缓解汽车行业电动汽车和燃油汽车之间的结构性矛盾。双轮战略也有利于降低车辆的平均电池装机量，平抑锂价，缓解电池产业与整车产业的结构性矛盾。

现在，汽车常规混合动力的高潮已经过去，大多数企业都转型插电式混合动力。国外的插电式混合动力车型装的电池较少，叫混合型插电式混合动力。中国的技术特色是纯电型插电式混合动力车型电池装得比较多。

增程式电动汽车是与纯电动汽车更接近的一种车型，插电式混合动力汽车是从燃油汽车发展过来的，在纯电型插电式混合动力这里碰头了。有电的时候发动机不起动的，称为纯电型插电式混合动力；有电的时候发动机可以随时起动的，称为混合型插电式混合动力。纯电型插电式混合动力是城区短途用电、长途高速用油。

从近中期看，电动汽车价格成本偏高、电池成本偏高，补贴又在下降，所以未来 5~10 年，插电式混合动力汽车和增程式电动汽车的占比，会从 2022 年的 22% 逐步提升到 30%~40%，甚至接近 50%，其中占比最高的是中级主流轿车和大型运动型多用途汽车（SUV）。

从中长期看，电池商业模式创新、技术创新的空间很大，电池购置和使用综合成本继续下降，纯电动的优势越来越明显。2030 年后，这两种混合动力车型的占比会逐步降低。

欧盟要在 2035 年停售新的燃油轿车和小货车，包括插电式混合动力电动汽车和增程式电动汽车。由于德国汽车业的反对，欧盟同意就不禁售使用绿电合成燃料的车型进行讨论，这就提出了一个新问题：燃油汽车会不会从化石能源汽柴油车转型为使用绿电合成能源的汽柴油车？与之相伴的能源基础设施转型问题也被重新提了出来。

第二，面向低碳化加快能源基础设施转型。

新能源汽车和新能源革命紧密相连相互促进。新能源汽车要成为真正的新能源汽车就要用绿电。绿电来自新能源，新能源占比高就需要储能设施配合，储能又需要新能源汽车的电池和氢能，它们之间是相关联的。

目前新能源发展的瓶颈是储能。全球有一个共识是基于成本竞争性比较，储能的未来是绿氢储能和电池储能。绿氢是长周期、大规模的储能方式，煤电厂只需把煤燃料变成氢就可以继续使用。现在我国新型储能 94% 都用电池，动力电池产业就是储能产业。

新能源电力也可以生产液体燃料，绿电制氢，再从空气中捕捉二氧化碳与氢结合制成甲醇、汽油、柴油、煤油。所以，绿电可以直接用于纯电动汽车，也可以电解水制氢用于燃料电池汽车，还可以在氢的基础上再从大气捕捉二氧化碳制醇类、汽油、柴油用于内燃机汽车，内燃机燃烧之后再把碳排放到大气中。让碳循环不增加碳，这也是碳中和。

壳牌公司对轿车效率的研究表明，如果从可再生能源发电一直到车轮的能量传递链看，纯电动汽车的效率是 77%，燃料电池汽车的效率是 30%，电合成燃料内燃机汽车的效率是 13%。纯电动汽车是电合成燃料内燃机汽车的 6 倍，所以电动汽车不需要带那么多能量，从效率角度看，燃油汽车永远无法跟电动汽车竞争。

还有一个问题容易引起争议，就是电动汽车补电太慢，这需要解决快速补电问题。

首先，轿车超级充电。超充电池只需要快速补电，不需要充满电。最高充电倍率是 4C，功率为 350 千瓦，理论上充电 5 分钟可以对续驶里程为 600 千米的电动汽车补充 200 千米续驶里程，也就是充 1/3 的电可以继续行驶 200 千米。

其次，卡车[○]运输主流模式是换电重卡，它在成本上可以跟柴油汽车竞争。现在，换电重卡的吨公里成本已经低于柴油卡车，在短途封闭场景非常成熟，并向干线扩展。扩展干线需要在建设换电网络的基础上实现互联互通。互联互通的汽车行业标准 2022 年已经制定完成，2023 年正在制定国家标准。预测换电重卡产量在 2025 年将超过 10 万辆，2030 年超过 30 万辆。

基于这两种方案，可以进行汽车能源基础设施的转型：卡车快换、轿车快充，用卡车换电的备用电池给轿车快充，此外还有加氢模式，这样就可以解决充电慢的问题。

能源基础设施的转型是能源革命的重要组成部分，属于新基建，是政府应当投入的地方。

第三，拓展智能化，创新动力电池商业模式。

动力电池成本偏高，需要它降价，还需要它增值。靠什么降价和增值？靠技术进步降价，靠商业模式增值，这就需要智能化赋能。

智能化的高级形态是智能驾驶和能源交互，这里重点讲能源交互，能源交互有三个重要性和优越性。

○ 货车行业俗称卡车，重型货车行业俗称重卡，中型货车行业俗称中卡，轻型货车行业俗称轻卡。

1）车网互动将成为解决充电容量和提高分布式储能的关键路径。电动汽车越来越多，如果无序充电，那么城市配电网将无法承受。无序充电对电网的功率负荷比有序充电高 2 倍。如果能车网互动，既能充，又能放，双向充电，就可以减小电网的功率负荷。

2）战略重要性。美欧组建了"贸易北约"，搞战略标准化，第一个重点领域是电动汽车的车网互动。

3）智能化催生商业模式创新。可以发挥电池的附加价值使电动汽车充电免费，甚至成为赚钱工具。随着技术进步，磷酸铁锂电池的循环寿命将达到 1 万次，三元锂电池将达到 3500 次。这些富余的电池能力可以用来储能，用电低谷低价时充电、高峰高价时卖电，让用户有收益。还可以探索车电资产分离、电池租赁等创新商业模式，让电池资产的拥有者集中管理电池储能，获取的收益返还给客户，既能减轻客户负担、降低整车成本，又能加速电动汽车的市场渗透。

重卡换电站可以发挥整个换电网络的优势，把换电站连成能源互联网，去跟电力市场交易，获得储能收益，还可以集中采购压低电池价格，还可以回收电池材料进一步降低总成本。

远程新能源商用车
集团 CEO[⊖]
范现军

技术路线多元化　纯电、醇氢各有所长

　　作为中国首个聚焦新能源领域的商用车新势力企业，远程新能源商用车集团自 2014 年成立以来，坚持以研发为先导、创新商业模式为基础，致力于成为智慧绿色运力科技综合服务商；建立了国内最大的新能源商用车研究院，汇聚全球超过 2000 名研发工程师，专注于全品系商用车新能源和智能化技术开发，形成了多能源并举的技术路线。

　　远程创立伊始就选择技术多元化发展路线，坚持"纯电 + 醇氢"两条腿同时走路的技术路径，围绕平台模块化、新能源化、智能化、轻量化、前瞻技术产业化、醇氢多元化动力进行技术创新。通过纯电与醇氢两条腿走路的路线，让集团旗下远程科技、醇氢科技在众多新能源领域创新企业中，跻身行业领军者行列。

　　在纯电这一路线上，依托吉利的资源优势，对 e-GAPF 增程式技术进行了 9 年研发，是中国首家将增程式技术应用于商用车的企业。在换电领域，重卡换电站完全自主研发，换电技术行业领先。在关键的三电[⊜]技术领域，远程智芯科技三电系统集成项目涵盖电池系统、电驱动系统、域控制器核心产品的研发和制造，树立了三电系统核心领域的领先地位。

　　从新能源汽车技术路线看，光靠纯电一条路线无法满足所有使用场景。甲醇是移动的电、液态的氢，是可再生的清洁能源。从资源禀赋讲，甲醇的获取便利性和能源自主掌控性，最有优势的是中国，所以，甲醇技术路线是能够改变中国

⊖　CEO 是 Chief Executive Officer 的首字母缩写，即首席执行官。
⊜　新能源汽车行业常将电池、电机和电子控制系统合称为三电。

能源格局的一条新能源汽车技术路线。在吉利汽车18年甲醇路线的基础上，远程旗下的醇氢科技大力投资打造了绿色甲醇 – 液氢燃料 – 醇氢动力的技术路线，目前已在多个省份推广甲醇重卡，并且实现了规模化运行，产品的经济性、适应性、可靠性得到了充分验证。同时，远程加速甲醇全价值链布局，先后在山西晋中、河北邯郸等地建设甲醇生态创新示范，并根据区域特点，联合能源公司保障甲醇燃料的供应。

自成立之初，远程便率先提出场景定义汽车，始终坚持以用户思维打造产品，并将其植入品牌基因，"ToU"成为品牌发展不可或缺的一部分。通过营销模式创新，远程打造了"远程无忧计划"，为用户提供"买、用、退、换"一体化购车解决方案，精准解决了新能源商用车首付高、月供高、残值忧虑的痛点，大幅度降低用户的总拥有成本（TCO），打破商用车新能源切换壁垒，实现了商用车"油电同价"。

在国内市场持续发力的同时，远程积极布局国际市场，产品出口到包括韩国、以色列、日本、新西兰、智利等国家在内的亚太、南美和中东地区，并积极布局澳大利亚、新西兰、挪威、英国、西班牙等主流新能源汽车市场。

阳光电源充电事业部
总裁
阳岳丰

"双碳"目标下的光储充放技术及展望

建设光储充放系统的驱动力，首先是气候变化影响人类的命运，减碳迫在眉睫。其次对于中国来说，一方面，我国石油和天然气对外依赖度分别为71.2%和40.2%，保障能源安全是维护经济安全和国家安全，实现现代化建设战略目标的必然要求；另一方面，我国碳减排压力大，中国已经提出"双碳"目标，2022年中国碳排放量为114.8亿吨，高居世界首位，其中电力行业和地面交通行业是碳排放大户。

"双碳"目标的实现需要几个重要载体，一是发电端，其中光伏作为清洁能源，是非常重要的组成部分；二是储能端，随着清洁可再生能源比例逐步增加，其具有随机波动性、不稳定性等特征，造成当前光伏发电存在消纳困难的问题，弃光率非常高，亟须储能参与；三是用电端，在交通部门电动化趋势逐步加强的背景下，充电桩作为连接电网与交通部门的重要载体，未来的发展方向必然是通过智能化实现能量的双向流动。所以，光储充放的紧密结合是实现"双碳"目标的重要载体。

随着新能源汽车的快速增长，预计到2025年，新能源汽车用电量增长会超过10倍，到2030年，新能源汽车的用电量可能超过5000亿度，配套充电桩功率也将超过3805吉瓦（GW）。首先，大量充电桩接入使波峰更高，给电网造成较大负担，这对于中低压配电网是灾难性冲击；其次，由于存在质量较差的充电桩接入电网，谐波含量高，功率因数低，对电网造成了一定的污染；最后，老城区，尤其是老旧小区充电桩安装困难，电力成本高，使得发电端和用电端面临两难困境。

针对上述问题，光储充放一体化电站的建设，可以为其找到解决方案。光储充放是指由光伏发电、储能系统、配电设施、充电桩、监控和保护装置等组成的小型发电、配电、用电系统，也称为微电网。建设光储充放一体化电站，通过能量存储和优化配置，在本地能源生产和用能负荷平衡之间找到解决方案，这是绿色用电的必由之路。

新能源汽车是天然的柔性负荷和储能载体。2022 年年底，我国新能源汽车总量约为 1300 万辆，到 2030 年预计将达到 1 亿辆，增量约 10 倍。如果其中一部分新能源汽车能够分时段上网，可以提供约 140 亿千瓦调度负荷和 1.4 亿千瓦·时储能容量，与目前已安装的化学储能容量相比，是约 5000 倍的量级。随着新型电力系统的建设，可再生能源并网逐渐增加，如果未来仅依靠化学储能实现负荷调剂，代价显然是巨大的。

目前，我国光储充放应用场景实践较多的是工商业场景，以物流园、高速服务区、公交专用充电站、公司园区、商超 + 公共停车场为主。但在建设和经营过程中，也存在着不少困难。

一是经济性方面，由于当前运行效率较低，储能成本高，加之配置不合理，经济性难以显现，这一方面需要政府部门给予政策支持，另一方面可以通过优化能量管理策略，来调整充电功率、售价、能量源等，降本提效，实现收益的最大化。阳光电源提出"预测 + 经济模型 +AI 计算 + 能量管理"策略，利用数字化技术，预测光伏发电、储能、充放电和电动汽车充电需求，通过经济模型和人工智能（AI）迭代计算，实现能量的高效管理。

二是技术方面痛点仍存。如存量电站加光加储的控制问题，硬件部分的拓扑优化等问题。以拓扑优化问题为例，目前行业内的拓扑思路主要有两种，一种是交流母线耦合，另一种则是直流母线耦合。

交流母线方案对现有设备硬件修改要求低，各个设备解耦，但存在设备简单堆砌造成的协同性差、设备多、损耗大、成本高、占地大和效率低等问题；直流母线方案变化环节少，效率高，同时可以共用某些模块，成本也较低，但高电压实现和保护难度大，对接触器的影响大，隔离要求高，安全可靠性问题有待解决。

两种路线各有优缺点，目前行业内以交流母线方案为主，直流方案多处于观望和宣传阶段。基于此，阳光电源提出了中压直挂的新思路，利用固态变压器把10千伏或30千伏的高压电直接转成电压比较低的直流电，形成中压能量路由器，把不同的设备都集中到一起，提高转换效率，降低成本。

充换电基础设施建设推动
交通部门绿色低碳转型

国家能源局监管总监
黄学农

中国充电基础设施发展现状及建议

党的二十大报告指出，要积极稳妥推进碳达峰、碳中和，这为我们能源交通发展提供了根本遵循。绿色能源和新能源汽车产业正沿着清洁低碳的发展道路，展现出强劲的发展势头和蓬勃的生命力。

截至 2023 年 2 月底，我国已经建成充电站约 11.1 万座、充电桩 559 万根，其中公共领域的充电桩达到 186.9 万根，支撑了新能源汽车产业快速发展的需要。我们深刻地认识到，推动绿色能源和新能源汽车产业的融合发展，是着力破解能源和交通领域各自发展难题、推动高质量发展的有力举措。

新能源汽车通过充电基础设施与电网进行能量交互，可以促进可再生能源电力的有效消纳。国家能源局积极支持充电设施运营企业参与绿色交易试点，目前已经在山东、四川、陕西等 14 个省份，累计完成了 52 亿千瓦·时的交易电量，减少碳排放约 500 万吨，实现新能源车充新能源电。

同时，新能源汽车作为海量分布的移动储能资源，可以通过大规模的有序充电、双向充放电实现对电网负荷的削峰填谷，平抑大规模可再生能源接入带来的波动，提高电网调峰调频和安全应急的响应能力。目前，浙江、河南等 16 个省市开展了车网互动项目 70 余项，布局 V2G 桩 1130 余根，累计充放电 1.1 万次，充分发挥了电动汽车移动储能的特性，降低了新能源汽车使用成本，提升了电网运行效率。

当然，在看到成绩、充分感知新能源汽车和充电产业发展热潮的同时，我们也深刻地认识到，促进充电基础设施规划建设，推动绿色能源和新能源汽车产业融合发展，依然任重道远。充电桩 / 站的建设仍然存在一些不充分、不平衡的现象，居住社区和城际出行充电难的问题依然局部存在，车网互动的政策标准和市场模式仍在研究试点阶段，这些都需要逐步加以解决。

一是要加强顶层设计，统筹绿色能源与新能源汽车协同发展。以综合性、前瞻性的视角统筹做好车能融合发展的顶层设计，系统评估不同汽车技术路线的减碳潜力、能源供给路径和能源需求，明确面向"双碳"目标的新能源汽车与能源系统协同的主要方向、重点、目标和任务。研究部署行业交叉融合技术创新、标准制定和产业化落地，准确把握新能源汽车的能源系统属性，强化新能源汽车企业、充放电设施运营企业与电网之间的产业协同，建立更加完善的车、桩、网一体化运行发展模式，为融合发展奠定基础。

二是推动政策落地实施，促进充电基础设施高质量发展。抓好《关于进一步提升电动汽车充电基础设施服务保障能力的实施意见》等相关文件的政策措施落地落细，持续优化充电网络规划布局，加快充电设施的建设，特别是针对居住社区和城际出行等充电难的这些重点领域，我们坚持问题导向，研究完善针对性措施，完善政府监管职能和监管手段，做到真正解难题、办实事，推动加快形成适度超前、布局均衡、智能高效的充电基础设施体系。

三是要加大机制创新和技术创新力度，推动车网融合发展。创新新能源汽车与绿色能源融合发展应用场景和商业模式，加大分时电价应用范围，以价格信号引导电动汽车有序充电行为。研究完善新能源汽车参与电力现货市场的机制途径，鼓励通过负荷聚合主动响应电网调节需求，参与电力调峰与辅助服务市场。鼓励行业机构和企业加快柔性充电、无线充电、自动充电等先进技术研究，开发具备车网互动功能的新能源汽车，支持电动汽车开展 V2G 应用示范，鼓励运营企业增大双向充电桩的投资建设力度，以科技创新促进产业的融合发展。

清华大学车辆与运载
学院教授

王贺武

换电重卡是我国新能源重卡减碳的"主角"

零排放重卡是新能源汽车产业发展的重要组成部分，是实现我国"双碳"目标的重要突破口。2022年，我国新能源重卡销量突破2.5万辆，其中换电重卡销量达到1.2万辆，占比接近新能源重卡销量的50%，较2021年上涨18.7个百分点。我国换电重卡正进入一个迅猛的发展周期，国内重卡换电站已经建成运行400座以上，遍布全国各地，充分验证了换电重卡在各种气候环境和场景中的普遍适用性和经济性，并且已经出现多条200~400千米不等的干线换电网络，换电重卡正从短途封闭场景走向长途干线场景。

换电重卡相比于充电重卡与传统内燃机重卡具有明显优势。第一，根据重卡150万千米的使用寿命计算，由于油电价格差大于电池投资成本与充电时间成本之和，换电重卡的综合吨公里成本低于纯柴油重卡；第二，相较于快充和超充模式，换电重卡的补电时间最短，吨公里车辆运营成本最低；第三，当站点利用率提高到40%以上时，换电模式下换电站投资和电池投资的吨公里成本下降，车站总吨公里成本最低，所以我们认为在高频次的重卡运输场景，换电重卡具备非常大的经济性优势，尤其在长途运输场景中更加明显。

产学研联合助推重卡换电创新创业。清华大学新能源汽车创新团队在重卡换电技术方面，聚焦核心产业发展问题和能源运营问题，在换电高耐久缩进技术、共享换电技术、电池资产管理技术、站网互动、光储充换一体能源补给等方面开展了大量研究工作，推出国内首座撬换式重卡换电站，以及首个重卡换电数字化能源运营及站网互动平台，为打通研发工程化、产业化、创新链条，搭建了成果示范和转移孵化平台。

在多条技术路线中换电重卡是主体。我们预计 2025 年新能源重卡的市场渗透率会超过 10%，2030 年接近 50%，这与欧洲新能源重卡的目标相同。2030 年，我国纯电动重卡会占到新能源重卡的 70%，达到 35 万辆，其中换电重卡又会占纯电动重卡的 70%~80%，其余主要是燃料电池重卡和零碳内燃机混合动力重卡。

奥动新能源联合创始人、
副董事长
杨 烨

换电模式推动"双碳"目标实现

换电模式在国内发展经历多次起伏。2016年起，换电设施正式列入国家战略新兴产业名单，政策东风由此而生；2019—2020年，一系列鼓励换电模式发展的政策出台，换电发展开启新篇章；2023年1月30日，工业和信息化部等八部门联合发布关于组织开展公共领域车辆全面电动化先行试点工作的通知，明确支持换电、融资租赁、车电分离等商业模式的创新。

目前，新能源汽车产业的发展仍存在补能设施不完善、补能速度慢、里程焦虑、电池安全等问题。针对以上痛点，换电模式具有独到优势，从补能效率到体验提升，再到服务能力与资源的集约共享利用都体现出显著成效。

例如，换电模式高效便捷，可以天然匹配补能用户群体的需求，在出租车、网约车以及商用车等领域迎来爆发式增长。换电模式还在无私桩条件的C端（用户端）用户市场得到充分广泛实践，为用户带来更加好的补能体验，真正实现全场景的绿色出行。

2000年起，奥动专注换电模式为主的业务闭环，打造"车辆–换电站–电池–换充储一体–电力交易–碳交易"多位一体的换电生态。

其中，在电池全生命周期管理上，奥动已形成从电池包研发、生产、车企合作、换电运营、梯次利用及回收再生的全闭环思路与商业模式。一块电池，不仅可以服务私家车，再服务营运车，后续还可以梯次利用、能源交互、残值回收，真正让每块电池从日历周期与循环次数两个维度实现价值最大化。

换电模式天然催生了车电分离进程，改变了动力电池产权归属，实现电池资产的集中管理。换电运营过程中，车电分离可以推动电池资产的标准化和流动性，减轻换电运营商的资金负担，实现电池资产管理。用户层面，可以让车辆的价格下降 30%~50%，有助于新能源汽车快速推广。

在"双碳"战略响应上，奥动累计换电行驶里程为 62 亿千米，实现节碳减排 42 万吨，持续打造规模大、技术强、网络广及成本优的核心竞争力，以技术创新与数字能源为核心，努力构建多位一体的能源全链路闭环管理，探索在"双碳"战略下的更大发展空间。

2023 年，奥动新能源推出最新一代 5.0 换电站，集合"换电－储能－闪充"一体化。每一座换电站，既是一座"多品牌车型共享 20 秒极速换电站"，亦是一座"可变容量的城市分布式储能站"，更是一座"为应急补能而生的 3 分钟闪充站"。

基于此，奥动创新性地提出了"V2S2G"概念，"车－站－网"三者之间进行能源交互，一方面可以推动用户侧参与电力交易，另一方面有利于能源就地消纳，保证电网供电的持续性、可靠性及稳定性，促进新型低碳电力体系的实现。目前奥动在上海、海南、广州等地已有这方面实践。

国家电投绿电交通产业创新中心主任、
启源芯动力副总经理

郭　鹏

换电重卡加快发展需要产业链上下游加强协作

我国重卡换电赛道发起于2017年，经过六年坚持不懈地努力，2022年纯电动重卡销量已达到2.2万辆，其中换电重卡的渗透率达到了72%，成为电动重卡里一种主流解决方案，行业已经从初创期走向成熟期，步入良性增长通道。

一方面，各级政府近几年对换电行业的支持力度在持续加大，政策导向明显性、系统性、落地性、协同性都在逐步加强。另一方面，终端车队客户反馈显示，市场的增长动力已经从早期的政策驱动型转向了企业的社会责任和模式等新的经济性的双轮驱动，这是判断一个行业是否走向成熟最重要的标志。

当前，全国已有400余座重卡换电站，支撑了市场上2万余辆换电重卡的运营。以目前换电重卡的市场需求和落地速度估计，换电重卡保有量预计在2025年达到20万~25万辆，配套建设换电站达到4000~6000座。根据2030年碳达峰行动方案，到2030年，新增新能源、清洁能源动力交通工具占比要达到40%左右，基于此目标，乐观预计，到2030年换电重卡保有量将达到130万~150万辆，配合建成充换电站3.5万~4.5万座。

未来已至，新时期的充换电基础设施组网需要管建齐上，才能保障产业高质量发展。2019—2021年，大部分重卡充换电站应用场景以封闭场景为主，服务固定的点对点运输路线，运营商建站时，会对单个项目进行经济性预估，满足条件才会投入建设。从2022年开始，行业在干线组网高速公路等场景拓展方面有了新的突破，同时适度先行网络铺设，这是未来基础设施建设的主要方向，公共换电站将辐射周边更多运输场景。但随着共享化的电池资产不断投入，运营周期情况也不统一，加之越来越多的运营场景，对换电站及电池资产的经济性共享互换和职能性都提出了更高的要求。从车站电池到电网集中协同管控、产业链协同、政府部门协作、跨产业协作融合，最终都会影响到充换电基础设施产业化高质量和可持续地推进发展。

基于此，希望整个产业链上下游能够一起协作管理、降本增效。在政府层面，建议强化电动汽车充换电相关设施规划和配套引导支持政策，将换电站建设纳入市政基础建设专项规划、电力设施专项规划、高速枢纽等区域交通领域专项规划。

在企业层面，呼吁产业链协调联动，共赢共担。一是针对不同领域采用差异化技术标准。二是按照车辆类型完善标准，分为乘用和商用，并尝试分场景、分主体、分阶段逐步推进不同的技术路径标准。三是鼓励、呼吁头部企业适度开放知识产权，为规模化基础设施建设、共享、互换创造条件。

03

领军企业的绿色低碳管理

协鑫集团创始人、董事长

朱共山

让电力变成算力，算力变成生产力

从能源、数字和"双碳"等视角来看，电动汽车是人、车、物的智慧互联终端，是移动储能、虚拟电厂的绝佳平台，是电力大数据的重要触点，甚至也是新型电力系统的创新载体。

相关机构预测，到2030年碳达峰节点，我国电动汽车产量将超过1500万辆，保有量超过1亿辆，新车不同级别的自动驾驶程度达到70%。按照平均每辆车每年行驶1万千米计算，届时用电量将达到1600亿千瓦·时左右。对比2022年的发电量数据，这需要两座长江三峡电站，或者将近10座葛洲坝电站的年发电量才能满足。

海量的电动汽车一旦摇身变为移动储能载体，将对电网调峰起到巨大的平衡作用。在第三次能源革命中，电动汽车将与风、光、氢、氨等新能源电力、特高压、坚强智能电网一起，组成新型电力系统"发、送、用"和"充、储、放"两个"金三角"，改变能源结构，平衡电网系统，改善人们的生产生活方式。

电是核心，车是载体，移动储能则是未来的发展方向。

电动汽车构成了一张全景图和生态链，所有的生态伙伴都在这张网上，包括AI、无人驾驶、车路城协同、数字孪生、芯片技术、智能热管理技术、域控制器、长寿命燃料电池、5G通信、物联网、大数据等平台技术也在这个链上。

在链式发展道路上，协鑫与电动汽车产业生态紧密咬合。多年来，依托在绿电、储能、算力、售电与能量管理等领域的优势，集团旗下上市公司协鑫能科已在长三角、粤港澳大湾区等建设了几十座电源点，在西部地区开展源网荷储一体化实践，构建了数字运营、多元储能、电池回收与梯次利用等平台，清晰勾勒出移动储能产业全景图，形成清洁能源加移动储能联动发展的商业模式，探索出多种应用场景下数字能源与汽车协同路径。

在移动储能领域，协鑫掌握数百项发明专利，拥有数字能源、先进算力等方面的核心知识产权。我本人作为中国电力企业联合会（简称中电联）电动汽车与储能分会执行副会长，近年来协助中电联与各大科研机构、行业平台联动，制定了 40 多项行业标准，其中，协鑫深度参与了 20 多项。

在核心技术方面，协鑫拥有 Hub.OS 站控平台技术，实现多站协同、多能互补、智能削峰匹配、充换智能匹配；拥有 Hub.E 微网与能量管理技术，进一步集结和释放了协鑫的先天优势；拥有针对换电场景打造的电池管理系统（BMS），可实现多车型协议兼容、电池包追溯、电池信息上传；拥有数字电池孪生技术（BDT），可以对电池"精准体检"，延长电池寿命近 20%。协鑫还联手知名生态伙伴，利用单相浸没式液冷技术、人工智能（AI）超级算力等，创新"电＋储＋算"一体化运营模式。

当前及未来，算力就是生产力，协鑫能科让算力与数字能源"联姻"，实现产业价值链几何倍增式跃升，拥抱通用人工智能（AGI）时代的巨大市场。

当前，电动汽车的储能属性不言而喻，但尚未被挖掘和变现。通过 V2G 技术与有序充电技术，电动汽车完全可以变成可控的分布式储能载体，在电力低成本、非用电高峰时段允电，在用电高峰时期将电力返销给电网，实现最普惠的经济性价值。

在此商业逻辑下，协鑫有能力将电动汽车变成科技、数字、算力、材料、能源的链接器，把每一辆电动汽车变成移动储能载体、分布式能源节点，通过绿电、算力加数字能源，助推电动汽车在我国构建新型电力系统的过程中发挥独特作用，支撑我国能源结构转型，助推全社会节能减排，助力"双碳"目标顺利实现。

国家电网有限公司
副总工程师

李　明

新能源汽车参与电网负荷调节

新能源汽车充电时间有弹性，充电行为可引导、规律可预测，具有很强的负荷调节特性和可调度潜能。通过实施有序充电、负荷聚合，能够有效促进新能源汽车参与移峰填谷，辅助电力电量平衡，提高电力系统整体运行效率。

一是推广居住区新能源汽车有序充电。新能源汽车优势愈发凸显，在私家车领域渗透率不断提升，无序充电势必增加居住区配变峰值负荷，影响配变安全和充电桩接入数量。采用有序充电方式，通过智能化手段灵活调整新能源汽车充电时间和充电功率，能够有效提高配变平均负载率，增加充电桩接入数量。

我们在北京开展有序充电试点，充电高峰负荷由 20 时成功转移到 23 时至次日凌晨的用电低谷时段。上海政府出台政策，要求居住区新建充电桩具备有序充电功能，充分利用小区剩余电力变配电容量。

二是探索新能源汽车参与电网负荷调节。依托智慧车联网平台，广泛聚合公共、专用、个人等各类充电资源，组织更多新能源汽车参与电网需求响应和调峰辅助服务。

2022 年，联合特来电、星星充电等 24 家充电运营商，聚合 5100 余座充换电站，参与迎峰度夏需求响应 49 次，单位最大削峰 2.2 万千瓦，累计响应电量 64 万千瓦·时。在冬季组织新能源汽车参与电网的调峰辅助服务，通过填谷增加电网负荷，提高供热机组出力，也促进了新能源消纳。

三是推动充换电运营商参与市场交易，降低购电成本。2022 年，我们先后在山西、山东，组织 2300 余座充换电站，以虚拟电厂模式参与电力现货市场，为充换电服务运营商节约购电成本超 270 万元。在 10 余个省公司开展了新能源汽车参与中长期电力交易，交易电量超 14 亿千瓦·时。

推动新能源汽车与绿色能源融合发展，既是实现"双碳"目标的客观要求，也是提升我国新能源汽车产业国际竞争力的内在要求。当前，欧盟已明确"碳关税"的实施时间表，中国碳交易市场也持续扩容，绿色发展已经成为全球共识和发展目标。

推动新能源汽车与绿色能源融合发展，一方面可以充分发挥新能源汽车的负荷调节潜力，提升光伏、风电等新能源的消纳能力，促进绿色能源发展；另一方面，通过新能源汽车全产业链绿色能源使用，实现产业绿色发展，也将提升新能源汽车国际竞争力。在此倡议，通过电力交易持续提升新能源汽车绿电消费比例，大力促进新能源汽车与绿色能源融合发展。一是充电运营商积极参与绿色电力交易，提升充电场站绿电消费比例，打造绿色场站。二是新能源汽车生产制造企业积极消费绿色电力，打造绿色工厂，实现绿色制造。三是积极落实私人桩充电分时电价政策，科学设置峰谷时段，优化峰谷价差比例，引导居民更多使用新能源电。

欣旺达电子股份有限公司
副总裁
梁　锐

按全生命周期需求参与碳管理

从全生命周期的质量管理来看：

第一，要在研发质量保证、原材料和电芯性能测试、供应商来料质量保证、过程质量保证、客户成品质量保证和售后都采取一些手段。需要特别关注的是，要建设电池智能制造的数字化平台，打造互联网智能工厂，实现产品个性化、设计协同化、供应敏捷化，要通过大数据、云计算等互联网技术实现协同管理。

第二，打造电池质量一体化数字平台。平台与智能制造有重复的地方，但更注重的是在整个研发、制造、售后服务和问题管理方面，如何利用质量管理工具把质量体系、业务数据和信息系统有机集成起来，实现端到端的质量管理。

第三，动力电池用量大了以后，打造电池应用、大数据保障平台，是不可或缺的全生命周期管理环节。比如在动力电池安全方面，要从电池设计、制造、在线检测、运行数据预警、车辆保养和检测、空中下载（OTA）动态管理等入手，打造状态评估和安全预警系统。这些数据还可以在车辆保险、交易、梯次利用方面提供强有力的支持。在全生命周期质量管理方面，这三块是核心内容。

从全生命周期碳管理来看：

一是自身运营的减排，包括减少化石能源使用、增加可再生能源使用、材料循环使用、节能和抵销中和。

二是对上游供应链企业的管理，要像对上游供应商的质量管理一样，准入审核中要增加落实"双碳"目标的具体要求，对供应商提出具体评估指标，并进行常态化评估。

在这个基础上，要建立电池碳管理区块链数字化平台，融合物联网、人工智能等科技，实现产业链端到端全程监控和产业综合管理服务。同时结合碳方法学追踪和管理碳排放，解决产业链及碳排放的可追溯性问题。

材料回收是全生命周期管理的重要一环，所以从电池部件到电池护照到回收，数据要跟随电池生命周期的全过程。

作为企业，我们希望按照全产业链深度参与、全区域化生产布局、全生命周期质量管理、全组织覆盖工业互联和全方位可持续经营来调整战略。也建议政府和行业机构在加速企业碳中和、推动碳足迹相关数据库标准制定、打造动力电池供应链减碳体系、推动电池回收产业规范化等方面有所作为。

04

中国中重型货运部门
减碳路径

交通运输部规划研究院
副院长

徐洪磊

中重型货车零排放转型是交通部门
运输深度减排的关键

在中国，交通运输业在全社会排放中占比约为 10%~11%。货运车辆（尤其以中重型货车为主）以 11% 的保有量，在中国交通排放中占比超过 60%。货运发展较快、比例偏高，与中国当前处于工业化进程中的产业结构和产业形态密切相关。随着乘用车领域电动化技术的日益成熟，中重型货车的零排放转型，是整个交通运输深度减排的重中之重，也是最关键的领域。

在政策方面，目前在中国碳达峰、碳中和"1+N"政策体系中，非常系统地安排了关于推动交通零排放和电动化的相关政策。其中"1"是总政策，"N"是关于交通、产业、科技、财政等的相关政策。这些政策都涉及汽车电动化，尤其是货车电动化的相关安排。

在实践方面，目前在城市内部的轻型货运配送、物流园区、港口、矿山、钢铁以及电厂等大型工业企业、能源企业、交通运输企业和汽车制造企业等，都在进行实践探索。从原来的园区内封闭式运行到当前的干线、网络、固定线路运行，都取得了显著成效。但目前在中长距离、更广泛路网运行方面的实践仍然偏少。

在技术路线方面，当前中重型货运领域有多种能源形式和技术路线并行发展。既有纯电动的充电和换电两种模式，也有氢燃料电池以及甲醇等其他合成燃料。但根据我们的研究，随着技术进步和社会产业发展，当前的多种技术路线可能最终会归于其中的一种路线。只有更大量的汽车和用户使用同一种燃料形式和同一种技术路线，才能把燃料供应、生产、运输的成本降下来。

　　基于目前在乘用车领域的能源形式以及技术路线发展的基本情况，新能源汽车基本已经以纯电作为主要的能源形式。我们认为，目前在中国约 1000 万辆中重型货车领域，电动化可能也是一个比较有前景的技术形式。

　　同时要指出的是，相对于汽车产业技术的快速进步，当前我国对于未来零排放货运和零排放交通所需要的基础设施，在形式上、结构上以及在能源加注体系上的认知和研究仍在探索，还相对滞后，未来还需要在这些领域加强研究。

中国汽车技术研究中心
首席专家

方海峰

对商用车零排放转型的四点建议

虽然商用车电动化在市场和技术方面取得了一些突破，但电动化转型的步伐相对缓慢，尤其是重型商用车，还面临成本较高、技术路线不明确、商业模式不清晰等突出问题。为推动解决相关问题，我国已经开展了燃料电池汽车示范、换电试点，并即将启动公共领域车辆全面电动化先行区试点，这些试点示范的重点都针对商用车。

对商用车零排放转型发展的建议如下。

一是强化顶层设计，创新碳积分管理。落实"双碳"目标需要明确汽车产业分阶段的碳减排任务，从机制体制、推广应用等多方面完善政策管理体系，建议加快建立完善"双碳"制度和相关政策体系，创新设计商用车碳积分激励制度，充分发挥政策和市场双轮驱动作用，为商用车低碳转型构建良好的内外部环境。

二是更精准引导相应应用场景，分步骤带动相关领域车辆示范。建议重点考虑城市物流车和环卫车等作业要求相对简单的公共领域使用场景，以及港口、矿区、钢厂等封闭场景短驳用途的重型电动车辆的推广。

三是加速新技术、新模式探索。商用车的应用场景比较复杂，低碳技术路径多元化趋势比较明显。包括氢燃料内燃机等低碳技术也在我国蓬勃发展，我国首条电气化公共示范线在湖南株洲建成，开辟了重载公路货运新技术路线，为固定路线大宗货物运输场景低碳转型提供了新动能。

四是加快产业链绿色转型。商用车低碳化发展是复杂的长期系统工程，不仅涉及汽车行业的生产、使用、回收各个环节，也需要与能源、交通等领域协同。建议统筹构建绿色供应链体系，推动燃料的脱碳化，加速车网互动应用，推动商用车产业全链条低碳发展。

上海启源芯动力科技
有限公司总经理
蔡　宁

换电重卡三大发展趋势

换电重卡在我国已进入快车道。得益于政策的利好，2022年是换电重卡大幅增长的一年。不久前工业和信息化部公布的第367期产品公告，一共有88家主机厂共526款换电重卡公告。2022年整个换电重卡市场增速接近200%。

换电重卡未来面临"三化"发展趋势。

1）高效化。高效化包括能效不断提升，电池系统不断提升，支持快充和快换结合。所以，虽然叫换电重卡，但是每辆卡车都是可充可换的，要把换的快速性、高效性展现给用户。

2）智慧化。未来，商用车领域会率先跑通无人驾驶的应用。目前我们和合作伙伴在洋山港东海大桥上实现了电动重卡无人驾驶，也和一些伙伴在矿山实现了封闭区域矿卡无人驾驶。

商用车领域很重要的是要和生产节奏耦合起来，所以智慧调度显得尤为重要。服务大型工业运营企业时要学会更聪明地用能。重卡在投入使用以后主要的成本是电，目前由于工业电价高，所以油电经济性差异不明显。但是电力市场会越来越复杂，用能的复杂程度将远超现在，电力获取已经由传统能源向清洁能源转变。

3）清洁化。交通领域50%以上碳排放来自商用车。解决重卡清洁化发展问题，能够有效解决7%的交通领域碳排放。还有一个重要方向是车储共用。现在的电动重卡价格很高，应该降价，但是电池成本经历了原材料价格的剧烈波动，新的路线是把车上的电池和能源供给侧的储能有效耦合起来，我们和企业在共同推动这件事。

推进中国汽车
产业现代化

01　汽车成为消纳新技术的最大载体

02　以技术创新强化新能源汽车"软实力"

03　新能源汽车充换电技术发展

第三篇
新能源汽车产业
关联创新技术

01

汽车成为消纳新技术
的最大载体

香港大学荣誉教授、
中国工程院院士
陈清泉

汽车革命和“四网四流”

巴黎协定代表了全球绿色低碳转型的大方向，是保护地球家园需要的最低限度。据此，全球各国纷纷开始行动，中国也提出了 2030 年实现碳达峰、2060 年实现碳中和的目标（“双碳”目标）。从碳达峰到碳中和，欧盟国家用了约 70 年，美国、日本用了 40 年左右，我国仅有 30 年时间。

为有序推进我国碳达峰、碳中和工作，实现“双碳”目标，中国工程院提出八大战略，即节约优先战略、能源安全战略、非化石能源替代战略、再电气化战略、资源循环利用战略、固碳战略、数字化战略、国际合作战略。

能源革命的内涵是可持续性、可负担性和可靠性，对应的解决方案是低碳化、智能化以及终端能源的电气化和氢能化。

在发电侧，随着实现“双碳”目标的持续推进，大量可再生能源并入电网，但其随机波动性对电网带来巨大冲击，不利于电网安全，需要大力发展储能技术，利用储能平抑波动，保障电网安全。

在输变电侧，随着 V2G 等技术的发展，电动汽车既可以作为能量的使用者，也可以成为提供者，在输配电过程中逐渐发挥协同作用。要构建新能源为主体的新型电力系统，实现电力系统开放互动、清洁低碳、安全可靠、融合协同、智能友好，最核心的是多源互补，源、网、荷、储协同。通过协同作用，能源供给可以变得灵活智能，解决可再生能源随机波动造成的供需矛盾。

数字技术与能源的协同和融合，使能源变成智慧能源。通过智能系统，将原来废弃的能源转化为有用的能源，进一步提高资源的利用率，在能源生产和消费中促进碳中和目标的实现。

与能源革命伴随而生的是汽车革命，其内涵是电动化、智能化、网联化和共享化。智能网联汽车的出现推动了智慧交通的发展，从而进一步推动智慧城市、智慧社会的形成。

智慧交通通过智能系统，集成交通、能源等信息，实现车、路、城协同，构建低碳、安全、高效、舒适的交通系统，促进碳中和。

智慧城市则是将城市中的流程和资产配备数字技术，通过数字技术获取大量数据，用于优化事物或发现城市元素之间的协同作用，同时，把以前未连接的事物连接起来，将其用于有价值的事情。智慧城市通过智能系统，使城市宜居宜业，居民安全、健康、舒适，促进企业和经济兴旺发展。

智慧社会的核心和目标是以人为本、人与自然和谐共生以及可持续发展，它的底座就是"四网""四流"。"四网"，即能源网、信息网、交通网、人文网的融合；"四流"，即能源流、信息流、物质流、价值流的融合。"四网""四流"的融合，将人的主观能动性和能源革命、信息革命、交通（出行）革命联动起来，将上层建筑的人文网和经济基础的能源网、信息网、交通网融合，从而产生颠覆性的经济效益和生态效益，解决"第四次工业革命"的可持续发展问题。

赛力斯集团 CTO[⊖]、赛力斯
汽车（轮值）总裁

许　林

两化融合重新定义新能源汽车

回溯过去 10 年，新能源汽车的发展经历了三个阶段。2020 年前是政策驱动阶段，新能源汽车渗透率增长较为缓慢，不到 5%；2020—2022 年是第二阶段，短短两年时间内，新能源汽车在政策 + 市场的双轮驱动下渗透率从 5% 狂飙至 25%，呈现指数级提升；2023 年随着补贴政策退坡，新能源汽车完全进入了市场驱动的阶段。未来五年，我认为新能源汽车市场渗透率很有可能会超过 50%，达到燃油汽车和新能源汽车的临界点。届时，新能源汽车的发展将进入剧变时代，中国新能源汽车将遍布中国的大街小巷。

除了渗透率的提升，在能源方向上，当下增程式混合动力（简称增程）和插电式混合动力（简称插混）逐步走向主流，市场形成多技术路线并存的格局。同时，基于市场规模的大小，在可预见的未来，新能源汽车领域将逐渐收敛为增程、插混和纯电动（简称纯电）三种主流路线。

在购买成本和性能上，增程与插混相较纯电会更有优势。值得一提的是，现阶段在中国充电基础设施分布不均及油电价格存在落差等大背景下，增程既解决了里程焦虑和充电难的问题，又具有纯电的驾驶特性和驾驶体验。以问界和理想为代表的增程式路线，已经被越来越多的消费者认可，逐步走向主流。

未来，新能源汽车市场会加速重构。从供给侧来看，科技创新将不断重新定义汽车，主要体现在以电动化为代表的高价值、高通用性的"平台竞争力"和以智能化为代表的高价值、高差异化的"创新竞争力"两个方面。

⊖　CTO 是 Chief Technology Officer 的首字母缩写，即首席技术官。

平台竞争力来自平台的高价值和高通用性，提升平台竞争力可以缩短研发周期、降低制造和维护成本，延长产品的生命周期；创新竞争力包括智能座舱、智能网联、自动驾驶等。这两个方向决定了新能源汽车下半场的胜负，而能决定下半场竞赛规则的，一定是在两化融合上率先实现关键突破的"玩家"，他们将夺得下半场的主动权。

另一个层面是，数字化转型也逐步渗透到汽车的核心价值链，从研发、制造和营销三个方面影响汽车产业发展。汽车企业数字化的主要驱动力是从"以产品为中心"向"以用户为中心"转变。研发端是基于自动驾驶、智能座舱等技术的应用，实现用户体验智能化，以需求定义汽车；制造端主要在建设智能制造平台，满足用户对车辆"千车千面"的需求；营销端是通过丰富用户购车路径中的数字触点，搭建线上线下协同的营销体系，实现更低成本和更高效率的获客，能够更多地重构用户画像，实现精准营销。

赛力斯与华为的合作品牌叫 AITO 问界，合作模式是由赛力斯主导、华为高度赋能，双方进行联合设计、联合开发以及联合质量控制和联合营销。在模式创新上，通过传统汽车企业和信息通信技术（ICT）企业的结合，有机结合赛力斯卓越的硬实力和华为 ICT 的软实力，不断提升效率、共创共享。通过产品快速推出、快速迭代，不断给用户带来新的惊喜体验。

AITO 问界坚持了增程技术路线，而赛力斯倾力打造的超级电驱智能技术平台（DE-i），将产品体验提升到了全新高度。具体看来，当前有近 8 万 AITO 问界增程用户，近 5 亿千米的里程验证，我们的用户驾驶以纯电为主，同时里程无忧，增程技术解决了用户的长途焦虑。

智能化能力是这个时代的核心能力。赛力斯持续深耕智能化领域，全面构建起软硬件一体化研发能力。包括全栈自研 + 系统整合两大能力，以及智能车控、智能电控、智能座舱、智能网联、智能驾驶五大整车功能域，为用户打造出极致体验、舒适便捷、可持续成长的产品和服务。

　　为了做更好的产品，赛力斯打造了百万辆级智能制造平台。我们还积极探索出了四位一体的智能制造架构，即"一硬一软一网一平台"。"一硬"就是高度智能化的装备；"一软"就是从设计、采购，到制造、服务的数字化；"一网"就是所有制造过程的数据、用户的数据都上网，存储在云平台；"一平台"就是由物联网、数字孪生和工业大数据、驾驶构建的平台。通过"一硬一软一网一平台"，来满足"千人千面"的用户需求，为高质量的交付赋能。

广州汽车集团股份有限公司
副总经理

阁先庆

整车应用牵引上下游协同创新

当前，世界百年未有之大变局深度演进，汽车产业在"新四化"推动下也迎来了百年大变革。"双百"共振，中国汽车产业格局迎来三大标志性变化，也带来了前所未有的发展机遇。

一是新能源汽车保有量突破千万辆，月度渗透率突破 30%，进入全面市场拓展期；二是中国品牌乘用车市场份额超过 50%，新能源乘用车占比超过 80%，行业主导地位确立；三是中国汽车出口突破 300 万辆，位居世界第二，国际竞争力凸显。

但另一方面，智能新能源汽车产业正面临补贴支持政策退坡、国际产业竞争加剧、原材料价格高企和芯片"卡脖子"等问题，挑战依旧存在。现阶段，多数新能源汽车企业仍然处于大幅亏损状态。2023 年春季开打的车圈价格战，更是宣告了行业淘汰赛的加速。

汽车产业迫切需要转变发展方式、优化产业结构、转换经济动能，而其中的要义便是要聚焦高质量发展。新格局、新机遇下，广汽集团聚焦科技创新，打造企业高质量发展的持久动力。

在新能源领域，广汽集团自主研发完成了海绵硅负极片电池、弹匣电池、石墨烯基超级快充技术、微晶超能铁锂电池技术等电动化核心技术。

在智能网联领域，广汽集团自主开发完成车云一体化的集中计算电子电气架构，自研广汽普赛操作系统（OS），掌握了关键核心代码。全新升级的 ADiGO SPACE 和 ADiGO PILOT 两大系统聚焦智能座舱和智能驾驶的两大核心用户体验，达到了国内领先水平。此外，孵化出了巨湾技研、星河智联等明星科技公司。

广汽集团还发力补链强链延链，筑牢企业高质量发展的坚实基础。2017 年开始，广汽集团以广汽新能源汽车产业园为载体，初步构建了自主可控的智能新能源产业链，打造世界级产业集群生态载体。

在"三电"领域，2022 年，集团先后成立了优湃能源科技公司、锐湃动力电驱公司和因湃电池科技公司，积极构建"锂矿 + 基础锂电池原材料生产 + 电池生产 + 储能及充换电服务 + 电池租赁 + 电池回收和梯次利用"纵向一体化新能源产业链。在芯片领域，广汽集团也战略投资了多家芯片公司，与广州产业投资控股集团有限公司共同设立 300 亿元的产业发展基金，发挥整车的应用牵引作用，共同打造多元、安全的芯片供应链体系。

蔚来汽车副总裁

沈 斐

全场景加电打破电动汽车补能焦虑

随着新能源汽车的快速发展，补能体验已经成为消费者购买新能源汽车的重要考量因素。2015 年，蔚来确定了可充、可换、（电池）可升级的战略目标，综合目标是将加电变得比加油更方便。

充电方面，在全场景加电中，家用充电桩数量是最重要的指标。截至目前，蔚来已经为 30 多万用户安装了 18 万根家用充电桩。蔚来还建设了 14000 多根公共充电桩，为无法安装家用充电桩的用户提供充电便利。其中，包括超级充电、目的地充电以及旅游线路的充电等。蔚来的建桩策略与行业内其他充电运营企业有较大区别，是将建桩策略与换电站建设相结合，完全围绕私家车出行，尤其是中高端私家车出行布局。

换电是蔚来的主体。换电相对于充电优势更多，无论快充技术如何发展，换电仍有其独特的价值和需求，因为换电带来的是体系化的效率提升。截至 2023 年 4 月，蔚来在中国共投资建设了 1326 座换电站。从换电量来看，从 2016 年 6 月交车截至 2023 年 4 月，换电量已经超过 50%，2023 年 2 月，高速换电量超过 60%；从使用量来看，累计服务突破 2000 万次，用户接受度越来越高。

蔚来还提出了电区房覆盖率的概念，即车主居住或上班等最频繁场景距离换电站的距离是 3000 米以内。通过综合运用大数据智能化选址等技术手段，截至 2023 年 4 月，全国平均电区房覆盖率已经达到 70%，意味着 70% 的车主能够在日常使用场景的 3000 米范围内找到换电站，这个比例在北京、上海用户较多的城市已经接近 90%。

在高速公路场景下，蔚来已经建成五纵三横八大城市群的高速换电网络，预计 2025 年左右建成九纵九横，用换电站打通 19 大都市圈。

换电相较于其他补能方式，从加电体验来看，对用户单次加电来说，总时长可能在五分钟左右，其中包括两分半的换电时间叠加停车入位时间，比加油的便捷性更高。

从用户感知角度来看，整个换电过程是全自动化、高度智能的，无须下车，更无须插拔充电枪等操作，对于女性用户尤其友好。而且换电无须连接充电桩，不受车辆位置限制，时间和空间灵活性强。

从效率来看，如果升级为充换电一体站，还可以在车辆充电高峰期全力给充电车辆供电，在闲时给换电站里的电池充电，把充电和换电面临的电网电力功率问题在时间上解耦。当前充换一体站的效率约为超级充电站的 1.6~2 倍，且该效率随着换电站电池数量的增加变得越来越高。

在电池使用效率方面，首先，在购车时，用户可按使用付费，无须一次性付清，降低了购车门槛，促进了电动汽车普及。同时，用户可以按需灵活升级，无须支付不必要的电池成本。根据测算，该模式下可以节约至少 17% 的电池资源。

此外，不同用户的用车需求不同，电池损耗也不同，通过整个换电体系的均衡，使体系内电池能够尽可能按照同一曲线衰竭，电池效率也可以得到提升。

最后，用户每次换电，电池都可以得到安全体检，保障了电池的安全性，提高了电动汽车使用的安全性。通过换电站，还可以把电池寿命和车辆寿命解耦，使得动力电池在换电体系中就可以得到充分地回收利用，减少梯次利用或拆解再利用带来的损耗，提高了效率。

从电网互动来看，换电站通过在晚上和白天的用电低谷和平峰时段将电池全部充满，避免尖峰用电，节省电费，提高了效益。同时可以参与调频调峰，助力构建以新能源为主体的新型电力系统。

当前，蔚来在建设第三代换电站，换电速度较二代提升 20%，电池数量从 13 块提升到 21 块，这意味着，每个换电站都相当于有 2 兆瓦·时的储能能力，今后与电网互动价值性更高。同时，蔚来发布了 300 千瓦超级快充，峰值电流 660 安。

蔚来认为，充换电一体站可能是加电的终极解决方案。无论对高速服务区还是对城区，都能够充分实现用户体验、效率、电网电力容量的充分提高。对于全场景加电建设，"一个三代换电站＋两个 500 千瓦超级充电桩＋两个 200 千瓦超级充电桩＋其他小功率充电桩"，目前来看是比较推荐的方案。

以技术创新强化新能源
汽车"软实力"

商汤科技联合创始人、
绝影智能汽车事业群总裁

王晓刚

通用人工智能驱动智能驾驶成长

2023 年，ChatGPT、GPT-4 等掀起了通用人工智能（AGI）的热潮，这是一场新的技术革命。通用人工智能和多模态大模型给智能汽车带来了机遇和挑战。

什么是通用人工智能？可以把它和现有的人工智能系统做一个比较。现有的人工智能也能够接收多模态的数据，但是它输出的任务是事先定义好的。如果想给这个系统增加一个新的任务，就要对系统进行重新设计，还要采集大量样本。

在通用人工智能时代，通过输入提示词和多模态内容，通用人工智能可以生成多模态的数据。更重要的是，通用人工智能可以用自然语言生成对任务的描述，用非常灵活的方式覆盖大量长尾问题和开放性的任务。

举一个自动驾驶领域的例子：给定一个图片，去判断某个场景是否需要减速。在现有的 AI 系统里，首先要进行物体检测，再到光学字符识别（OCR），再做文字识别，最后做决策，其中，所有的过程里的每一个模块都是事先定义好的任务。

在通用人工智能下，给定图像，人们只需要用自然语言去描述问题，如"这个图标是什么意思？我们应该做什么？"通用人工智能就会通过自然语言的方式给出一系列逻辑推理，最后得出结论。例如它会说："前面限速 30 千米 / 时""前面 100 米是学校区域""有小孩""应该小心驾驶""将车速降到 30 千米 / 时以下"等。

同时，智能驾驶汽车领域有"数据飞轮"的说法，通用人工智能时代则会产生"智慧飞轮"，人和模型之间可以互动。通过人的反馈，模型能更好地理解人需要它展示什么样的能力，去解锁更多技能。从"数据飞轮"升级到"智慧飞轮"，可以更好地实现人机共智。

在自动驾驶领域，商汤基于多模态大模型，可做到数据的感知闭环和决策闭环，从前端自动采集高质量的数据，到利用大模型进行自动化的数据标注和产品检测，能够几百倍地提升模型迭代的效率并降低成本。

在智能座舱领域，通用人工智能使 AGI 模型具备空间环境的理解、用户状态感知、多模态指令、多轮对话、内容生成等一系列能力，不断提升个性化体验；也使消费者使用场景从上车、行车、停车、离车，进而拓展到娱乐、办公、购物、休息等。

智能汽车是通用人工智能实现闭环的一个非常好的场景。我们已经有人机共驾，未来，希望车和模型之间能够产生更有效的互动，完成从人到车，再到模型的互动闭环，让通用人工智能为我们提供更好的驾乘体验，解锁无限的想象空间。

大疆车载负责人
沈劭劼

打造中国适用的智能驾驶技术

我们做了多年的智能机器人产品开发，最大的感触是对复杂场景的敬畏感。面对无人机飞往火山，自动驾驶汽车行驶时面临加塞、堵车等典型复杂场景，我们永远无法控制用户使用产品的方式，也无法以单一的技术方案、硬件或软件解决所有问题。

面对错综复杂的环境，大疆车载遵循空间智能和科技之美的设计原则，尽可能用简单、高效、可靠、可拓展、优美的思想去设计和开发产品。

智能驾驶产品的设计目标就是让汽车安全、可靠、符合驾驶员意图地自己开起来。这需要用到一系列技术，跨越算力、传感器、算法、数据四座技术大山，同时满足工程环境下的各种约束。

从大疆车载的一点观察来说，这个约束的上界就是成本，用户接受的资源消耗和费用开支是有上界的；下界则是功能本身可靠好用，用户愿意去用它，如果用户对功能不愿意使用，不能建立信任感，这个技术就算极其便宜也是没用的。那么我们为一个L2+级智能驾驶系统的总成本在整车售价中的占比设置了一个3%~5%的区间。配置一套包括比较高阶的功能，如领航高速、记忆泊车，也包括相对基础的行车辅助、泊车辅助、主动安全等功能的L2+级智能驾驶系统，再带上包括地图等软件，以及传感器、芯片等硬件和关联件的总成本，我们预测应该占整车售价的3%~5%。低于3%，软硬件架构受到的限制过大，功能很难用；超过5%，我们在L2+级阶段提供的缓解疲劳的用户价值，不足以支撑足够多的用户为此付费。

中国乘用车市场集中在 30 万元以下的车型，这意味着 L2+ 级别的智能驾驶系统，应该在 5000~15000 元成本区间内实现所有的功能。5000 元可以努力配置上行泊一体的系统和高分辨率的传感器，软件上也能保证一定的利润；而 15000 元的上限则可以拓展激光雷达等方方面面的传感器。这是 L2+ 级阶段的情况，未来在 L3、L4 级阶段，智能驾驶可以解放人在车上的时间，消费者不再是为了缓解疲劳而付费，而是为购买自己的时间付费，那么这个上下界的比例都有机会增长，也能带来后续增值的市场机会。

大疆车载遵循多场景硬件复用、极限压榨硬件潜力、弱依赖少假设和产业深度合作的思路，打造适应中国交通环境的量产产品，已经有更多的量产车在推进中，也在为 L3、L4 级自动驾驶进行规划，希望在解放驾驶员时间这个动作上为行业带来一点点贡献。

北京京深深向科技有限公司（DeepWay）
创始人、首席执行官

万　钧

自动驾驶应选择可用的技术路线

怎么去发展智能新能源重卡？企业路径选择有什么思考？

在动力形式选择上，我们认为"枝上喜鹊不如手上麻雀"，企业要选择一条即时可用的技术路线，服务于现实的市场需求。

路径选择上，是自己正向研发造车，还是选择油改电道路？主要的考量如下。第一，油改电没有办法在空气动力学、底盘结构、传动链条上实现电驱动的最大优势。第二，传统燃油汽车是人工驾驶，不需要硬件冗余，也不需要安全备份，但是自动驾驶重卡需要硬件冗余与安全备份。在传统燃油汽车上重新改造安装，需要耗费大量成本与精力。第三，现在大部分油改电车型，一方面形成比较高的车辆重心，导致车辆不稳定；另一方面电池与货箱空间之间形成比较大的间隙，使空气形成湍流，湍流形成风阻影响能效。

还有非常重要的一点，智能驾驶需要高速通信，即使做不到集中式的域架构，至少要做到四大域架构，让通信以毫秒级速度进行最快反馈和最快执行。这些只有走正向设计的路才能实现。

DeepWay 本身的核心定位是一家做自动驾驶的公司，造车只是一个工具或者一个过程。经过实践，我们发现自己造车有多重好处：一方面可以在设计时把过去传统汽车的约束，包括结构、成本"打透"，做到成本更优、质量更轻、性能更优化；另一方面，正向设计让车辆能耗更优。我们在路上跑的产品，满载 49 吨，在高速公路上达到百公里 150 度电的电耗指标，基本上是目前行业最低的电耗水平。低电耗带来的经济性，加上正向设计时考虑的成本优化，使客户购车成本、使用成本降低，从而使我们卖出更多车。

多卖车带来两个好处。第一，让企业有自我造血功能，DeepWay 销售的每辆车都有毛利，不做没有毛利的销售，这使公司的自动驾驶技术研发投入不用一味地依靠资本市场持续"输血"；第二，通过规模化的量产车辆在真实场景下运营，来推动其智能驾驶能力快速迭代。

三一集团董事、
三一重卡董事长

梁林河

突破长续驶里程：中国电动重卡对特斯拉的追赶与超越

2017 年，中国燃油重卡销量突破 110 万辆；2017 年，中国电动重卡的销量几乎为 0。然而，同样是 2017 年，大洋彼岸的特斯拉已经发布了 Semi 纯电动重卡，单次充电续驶里程 800 千米。那时我在这条新闻下，看到了一条中国网友的评论："特斯拉一定能做出世界上最好的电动重卡"，这条评论至今让我记忆犹新。

也许是特斯拉提出的长续驶里程指标看起来并不现实，与网友们的激烈讨论相反，中国重卡行业并没有因此掀起太多波澜。后来特斯拉 Semi 先后 3 次"跳票"，仿佛又是一次"PPT 造车"，又是一个"狼来了"的故事。

转眼 5 年过去了，2022 年年底，特斯拉带着 800 千米续驶能力的电动重卡，开启了 Semi 的全球首批交付，而我们还在围着 100 千米的场景不断打转。

各位同行，这次特斯拉真的来了。

环顾左右，中国电动重卡在长续驶里程领域竟然是一片空白，我们难道要等着大洋彼岸的特斯拉，让中国人用上"最好的电动重卡"么？

我们的行业现在陷入了两个误区。第一个误区是，认为电动重卡只适合短途工况，不适合长途运输；第二个误区是，解决长途零碳需求，找不准技术路线，认为换电和氢能"包治百病"。一方面，如果长途运输依赖换电来实现，将会是天文数字的换电站投资，频繁地换电也会让长途运输的时效急剧下降。另一方面，氢能产业链并不完善，长途运输依赖氢能重卡过于超前，不能解决眼前的零碳需求。在纯电走向高速发展的今天，大电量一定是长途零碳运输的解决方案之一。

秉持三一"品质改变世界"的使命，2018 年，我们就毅然启动了大电量长续驶里程电动重卡的攻关工作，力争在这一领域实现中国电动重卡"零"的突破。通过 4 年技术攻关，我们将在 2023 年 5 月，在国内首发整车 1165 度电、续驶里程超过 800 千米的电动重卡。

开发过程中我们突破了 5 大技术难点。

一是突破大电量布置的难题。我们采用"滑板底盘"加"魔塔电池"技术，实现 1165 度电的电池布置，电池体积密度提高 40%，整车自重小于 15 吨，重心更低，高速行驶更加稳定。

二是突破整车热管理的难题。我们通过"独立分区加热"和"温度均衡控制"技术，实现了高效的热管理，电芯在任何时候的温差都能保持在 7℃以内，保温能力是传统标准箱的 4 倍，大幅提高低温续航能力。

三是突破电芯可靠性管理的难题。我们创新性地设计了 4 回路供电系统，相当于有 4 套独立的电池系统，管理超过 1200 个电芯。避免了"一个电芯坏了，整车趴窝"的行业顽疾，确保车辆的持续运行。

四是突破大电量充电慢的难题。我们利用"800 伏高电压"与"四枪快充"技术，实现在国内现有的充电设施基础下，1.5 小时内从 10% 充电到 90%。

五是突破整车控制难题。我们通过"位置域控制""多档位能量回收"、自主"线控转向和制动"技术，使系统运算能力提升 50%，响应效率提升 60%，能耗降低到百公里 130 度电。

2023 年，特斯拉已经将 Semi 的大规模量产提上了日程，在长续驶里程领域，留给我们的时间已经不多了。三一重卡在五月不仅仅是发布新产品，我的项目经理将驾驶这辆车，在不进行任何补能的情况下，全程直播从长沙到深圳的道路首航。

这是具有革命性意义的里程碑事件——于我个人，它是中国重卡从业者的自我释怀；于三一重卡，它是一份创业 5 年的答卷；于中国重卡行业，它代表了中国电动重卡在长续驶里程领域对特斯拉的追赶和超越。

03

新能源汽车充换电
技术发展

中国电力企业联合会
副秘书长

刘永东

充换电技术加速变革落地

当下，新能源汽车行业进入了产业升级、技术变革、新技术广泛应用的转折期，充电技术设施也随之快速转型。充换电技术路线多样化，大功率充电、自动充电、电池更换、新型关键元器件、电动汽车与智能电网融合技术、智能运营维护等重点领域的多项新技术实现应用。

在大功率充电方面，近两年，行业充分认可了车主快速补能需要。2022 年，ChaoJi 充电的国家标准已经编制完成，现在正在向国家标准化管理委员会报批。未来，兆瓦级超大电流充电将推进交通领域从"电替汽油"迈向"电替柴油 / 燃料油 / 航空煤油"深度扩展，推动单个充电接口由百千瓦级 / 百安级实现向兆瓦级 / 千安级的重大跨越，是全球交通和能源低碳转型的重大关键前沿技术。

以 CharIN 为代表，欧美正在积极推进兆瓦级快速充电接口的国际标准布局。国家电网有限公司主导的 ChaoJi 接口电流端子可叠加扩展的优势，实现兆瓦级超大电流接口的"中国方案"，对于我国在这一前沿领域与国际实现并跑甚至领跑，支撑"双碳"目标都具有重大意义。

在无线充电方面，经过七八年的培育，如今已经有汽车企业实现了无线充电的量产。无线充电系统涉及的环节包括功率变换、安全辅助、交互操作等。从行业角度看，功率的变化部分已经完成。同时，行业重点关注异物检测、活物保护和引导定位三大辅助功能，正在形成技术路线和统一标准的过程中。

在电源模块方面，充电模块大功率化已成为发展趋势。随着快速充电需求的不断增大，充电模块的功率等级也随之不断提高，充电桩体积空间有限，充电模块功率密度提高是必然趋势。标准化模块设计已成为行业共识。过去，充电模块行业标准化程度低，模块尺寸和接口规格没有实现统一，充电模块尺寸和接口的不兼容会增加后期充电桩升级的成本。液冷充电模块优势明显。液冷散热技术可以同时解决模块故障率高及噪声大的问题，相比风冷性能更优，但目前成本较高，未来将逐渐成为模块散热的主流趋势。

在电动汽车与智能电网融合技术方面，目前，有序充电已经具备大面积推广的条件。通过有序充电，可以实现同样的充电容量解决更多充电能力的问题。聚合互动通过价格机制，调动更多的电动汽车有序充电，一定程度上能够减轻电力高峰负荷。

今后，我们更多地期望电动汽车与智能电网融合技术向 V2G 发展。动力电池向长寿命、大容量趋势发展，其储能价值在行驶过程中无法完全发挥，可以通过 V2G 技术支撑电网经济安全运行。

比亚迪股份有限公司
董事长兼总裁

王传福

"多枪快充"可解决充电难瓶颈

中国式的现代化一定少不了汽车的电动化，快速的汽车电动化才能成就汽车强国。正是因为在十多年前，我国选择了汽车电动化这条新赛道，才有了今天新能源汽车的领跑地位。比亚迪有幸抓住新发展理念释放的巨大机遇，和上下游产业链拥抱电动化变革，一步一个脚印走出了一条绿色创新的发展之路。

在世界百年未有的大变局中，汽车行业正经历百年未有的大变革，新冠疫情加速了百年变革的演进。我国新能源汽车站在了"双碳"风口，实现了井喷式增长，平均渗透率从 2020 年下半年的 7% 到 2022 年全年的 26%，2023 年第一季度高达 30%，其中 3 月单月渗透率达到了 34%。

进入后疫情时代，新能源汽车迎来从量变到质变的关键阶段，新旧事物迭代迎来历史性的临界点。我国汽车全面电动化的时间表在提前，进程在加速，比想象中的还要快，行业要有充分的预期和准备。对任何企业来说，都是危中有机、机中有危。这个时候，行业不是大鱼吃小鱼，可能是快鱼吃慢鱼。在大变革期，企业要有创新的技术、精准的战略和灵活的决策，三者缺一不可，只有这样，才有可能生存下来。

2023 年，国内新能源汽车销量预计可达 850 万~900 万辆，随着新发展格局加速形成，整个产业和消费结构将会焕然一新，形成强劲发展动能。2022 年年底，中央经济工作会议提出的各项要求，也将在新能源汽车行业里率先实现。

当前，国家正在推动超充（大功率充电）标准的建立，但行业目前还没有形成共识。为破除瓶颈，推荐"多枪快充"模式。"多枪快充"就是使用两把充电枪或者多把充电枪，同时给一辆车充电。它有以下五大优点。

1）可以兼容过去。中国市场新能源汽车保有量有 1000 多万辆，如果用多枪快充，基本可以全部兼容。

2）未来可扩展。未来的重卡，或更大电池装载量的运输工具，需要的功率会更大。比如，现在讨论的快充功率是 350 千瓦，如果需要 500 千瓦怎么办，还需要在快充上再加一个快充吗？其实用多把充电枪就可以解决这些问题。一把充电枪的功率是 120 千瓦，用六把充电枪就变成 720 千瓦，用十把充电枪就变成 1200 千瓦，完全可以扩展。

3）对用户友好。没有充电桩选择困扰，有桩即适配，不影响充电体验。

4）对充电商友好。使用"多枪快充"，原有充电设施不用拆，最大限度利用了现有设施，只需增加一定数量的充电枪头或充电柜即可。

5）不用改变现有标准。行业目前对标准的争论很多，"多枪快充"可以把所有问题解决掉，化解各方对标准意见不同的争论。另外，比亚迪在"多枪快充"上有 100 多个专利，我们愿意开放给行业免费使用。

国网智慧车联网技术
有限公司副总经理

阙诗丰

重卡充换电发展现状与建议

在重卡充换电技术路线的发展上，充电和换电两个发展方向同等重要，同等需要关注。

一方面，在充电领域，下一代中国高压充电标准的国家标准和全球标准的设立和推动工作已经取得进展，下一代具备向下兼容条件的高压充电，已经开始在非常小的范围内投入试运营，力争在未来几年形成一定规模，对高速公路的充电服务能力做进一步提升。

另一方面，从车辆发展情况来看，作为需要干线运输、长距离运输的纯电中卡和重卡，因其目前的经济性以及商业模式和具体运营存在问题，跑通模式还有一段路要走。总体来看，在封闭区域内短途的、固定路线场景的重卡换电模式发展较快，积累的经验和应用场景也较多。

但不可否认的是，在发展换电重卡模式的过程中，仍然面临多重困难。

首先，在政策方面，针对换电重卡的发展，现行法律法规、标准体系仍不够清晰和完善。

其次，在经济性方面，换电站作为重资产，在前期投资建设过程中面临投资成本大的问题；在中期由于当前换电重卡商业模式尚不清晰、运营成本居高不下，其建设和运营经济性大大降低。

最后，在技术方面，一是结合各地场景不同，涉及的相关电池标准、换电标准，以及换电方式还存在比较大的差异，统一性、标准性问题亟待解决；二是由于换电模式对于各单位主机厂，特别是主机厂制造、设计核心技术的开放产生了要求，在推进过程中可能面临来自行业上下游的阻力。

第一，为进一步推动重卡充换电加速发展，需要产业链上下游共同努力。建议国家和地方依照对充电基础设施的支持政策，对充换电，尤其是重卡充换电进行系统性指导并颁布相关支持政策，使现有换电设施能够和现有充电设施享受同样的政策环境。

第二，将充换电站，尤其是换电站部分纳入城市基础设施建设相关专项规划，遴选出更好的场景和场地，优化空间布局，推动相关项目落地。

第三，立足充换电发展各个环节，形成涵盖顶层设计、技术创新、产业落地、推广应用、能源保障、安全监管六大方面的政策机制体系，保证充换电运营管理以及今后产业能够形成健康、可持续发展的局面。

第四，推动相关标准，包括设计、施工、安全规范、电池系统标准尽快出台。此外，还要形成车辆和电网、各个电池运营商之间更加紧密的合作关系。

第五，推动相关车网、车站、站网互动以及车车互动相关技术进一步规范，灵活调动车、站、网、源四个关键要素，打通电力双向流通渠道，促进能量传递，尤其是让中重卡体系尽快融入智慧电网系统，进一步优化电网。

第六，政府加大对相关技术研发的支持，给予行业更多政策支持。

最后，加强相关部门数据管理沟通，共同促进行业发展。

广州巨湾技研有限公司
董事长兼 CTO
黄向东

极速充电电池赋能电动汽车普及，
助推"双碳"目标实现

地球危机呼唤新一轮能源革命，电动汽车引领颠覆性变革。人类社会的发展史表明，经济增长与能耗和碳排放的增长正相关，新一轮能源革命，要实现经济增长与能源消耗增长脱钩／解耦、与化石燃料脱钩／解耦。交通，特别是公路运输行业的碳排放，为全球主要经济体（含我国）的主要温室气体排放源。而电动汽车的环境友好性已经得到不断积累的科学证实，几乎在世界各地，其全生命周期温室气体排放量都比燃油汽车至少减半。

电动汽车亟待广泛普及。据国际能源署与国际可再生能源署 2022 年 9 月的《突破性议程报告》，为达成《巴黎协定》全球温升控制在 1.5℃ 的目标，到 2030 年，全球零排放汽车占汽车总保有量的比例须达 20%~25%（约 3.5 亿 ~4.3 亿辆）。加快广泛采用电动汽车取代燃油汽车，已经成为大国竞争、"双碳"战略和经济转型的最重要抓手。欧美日等主要经济体，都制定了 2035 年之前全面"禁燃"、2030 年电动汽车市场渗透率达到 50%~70% 的目标（欧盟希望达到 75%，我国官方目标是 40%）。2022 年，我国新能源汽车的渗透率约 25%，保有量为 1310 万辆，其中零排放电动汽车约 1000 万辆，仅占全国汽车保有量的约 3.2%，反映出当前电动汽车普及的速度还不够快！

极速充电（eXtreme Fast Charging，XFC）或者说超级快速充电，是电动汽车普及的赋能器和加速器。麦肯锡研究报告显示，充电的快捷便利性已经取代了购车成本、里程焦虑等因素，成为影响电动汽车广泛普及的主要因素。实现 10

分钟充 80% 电量、充电像加油一样快的 XFC，被认为是必须攻克的关键技术。权威数据显示，2022 年年底，我国充电设施有 520 万台，电动汽车与充电枪的比例（车枪比）约 2∶1，其中快速充电车枪比约 14∶1。然而，消费者的充电焦虑并未缓解，充电设施还占用了大量资源。对照全国加油站约 11.9 万个，加油枪近 240 万把，燃油汽车的车枪比约 130∶1，用户却并无加油焦虑，凸显了采用"充电像加油一样快"的极速充电，对推动电动汽车广泛普及的有效性和迫切性。

我国具备领跑极速充电技术与产业的条件，不仅有领先的 XFC 技术，还有产业和超大容量的内需市场支撑。

例如中国汽车动力电池产业创新联盟、中国汽车工程研究院股份有限公司和广州巨湾技研共同发起成立了"电动汽车产业极速充电生态联盟"，有 70 余家企事业单位参加，并已参与了广州"超充之都"和海南"超充之岛"等项目并提供支撑。

又如广州巨湾技研 XFC 电池配套的量产车型，80% 电量的充电时间只需 5~15 分钟，创造了"最快电动汽车充电技术"世界纪录，实现了让充电像加油一样快的体验，还形成了领先的"凤凰电池"系统集成技术，使 800 伏高电压和 400 伏常规电压平台的车型均可实现极速充电，在全生命周期均极速充电的条件下，循环寿命超过 1500 次。

为促进 XFC 产业的发展，有三点建议：一是从能源革命、"双碳"战略、大国竞争的角度，审视 / 调整我国（净零排放）新能源汽车发展规划目标，加快新能源汽车普及；二是充分认识 XFC 技术、产品和生态对新能源汽车普及的关键赋能作用，通过纳入顶层设计考量，促进建立引领全球的 XFC 产业体系和生态体系；三是制订推动 XFC 技术、产品和生态加速发展的前瞻性系列政策、标准与保障措施，推动相关产业高质量发展。

推进中国汽车
产业现代化

01　动力电池产业迎来最好时代，也面临更大挑战

02　领军企业打造全球竞争力

03　加速汽车芯片国产化应用

第四篇
提升产业链可持续
发展水平

01

动力电池产业迎来最好时代，也面临更大挑战

孚能科技（赣州）股份
有限公司董事长

王　瑀

从"有"到"好"，动力电池如何
备战"下半场"

为了使动力电池从"有"到"好"，孚能科技开发出全新平台，叫孚能科技超级软包解决方案（SPS）。这是一整套解决方案，涉及材料、设计、工艺、设备、回收。SPS以大软包电池为基础，直接集成到车辆中。这个体系不仅兼容三元材料，还能兼容磷酸铁锂材料；不仅兼容液态电池，还能兼容固态电池，使电池的动力性能、能量密度、续驶里程都有非常大的改善。

用SPS后，电池包（PACK）的成本降低33%，80千瓦·时的电池大约能跑600~700千米。在不改变材料的情况下可以集成到100千瓦·时，如果采用孚能科技三元硅碳体系，可以提高到120千瓦·时。同时，充电性能达到充电10分钟可行驶400千米。

我们为整车企业设计了不同的充电方案。续驶里程为500千米的车辆10分钟充满80%，续驶里程为1000千米的车辆10分钟充满行驶400千米所需的电量，彻底解决了充电时间和里程焦虑问题。

从能量密度看，SPS质量减轻100千克，可增加约15千米左右的续驶里程。

在生产制造端，SPS将固定资产投资减少一半，厂房面积是过去的一半，制造费用降低一半。

对于资源，2018年受钴价冲击，我们立志去钴，如今我们已经彻底解决钴的问题，钴含量从三元材料中减少到5%以下，如果需要，可以把钴完全去掉。针对锂资源和价格不稳定的问题，孚能科技将采用钠电池解决，预计 2023 年年底实现钠电池产业化，旨在解决锂资源和锂制约行业发展的问题。

　　对于未来，孚能科技提供的解决方案是，短期内，对于 300 千米以下续驶里程的经济车型，提供钠电方案；对于有 500 千米左右续驶里程需求的实用车型，提供磷酸铁锂或磷酸锰铁锂方案；对于中高端车型，提供高性能三元锂电池方案。

中创新航科技股份集团
有限公司高级副总裁

谢　秋

不做跟随者　以技术创新开辟新路线

中创新航成立于 2007 年，一直专注于动力电池和储能电池行业。目前，动力电池企业要在保障安全、降低成本的同时，提升用户补能、续驶里程够等体验。

在混合动力领域，中创新航进行了全方位的产品布局，包括 50 千米一直到 200 千米的产品布局，可以支撑各汽车企业电气化进程。在用户体验方面，纯电动模式下我们的产品支持 30 分钟快速充电，电池包的峰值功率输出超过 400 千瓦，能够带来纯电动汽车的超高动力。在低温加热方面，可以达到 6℃/ 分，大幅度改善了电动汽车的冬季体验。

在中压纯电（400 伏）领域，中创新航推出了 One-Stop 技术，可大幅提升电芯在电池包中的空间利用率；同时，使用资源更友好的材料，如磷酸铁锂、高锰铁锂提升续驶里程。One-Stop 技术可以将搭载磷酸铁锂电池车辆的续驶里程提升到 600 千米，电池包能量密度达到 153 瓦·时 / 千克，这是业内目前量产磷酸铁锂电池的最高能量密度。2023 年第二季度，新产品将推向市场。搭载 One-Stop 技术的高锰铁锂电池包的能量密度可以提升到 180 瓦·时 / 千克，续驶里程超过 700 千米。在提升电量的同时，电池包的高度降低到约 110 毫米，减少整车迎风面积，助力埃安 Hyper GT 风阻系数低至 0.197，是全球风阻系数最低的量产车。

在高压纯电（800 伏）领域，中创新航布局了两个 800 伏产品路线，一个是在 4C（C 表示电池充放电倍率）以下，主要做方形电池的技术路线。我们开发的全极耳结构使电芯的温度分布更加均匀，能更好地满足 4C 与 4C 以下电池的充电场景。

　　另一个是在更高充电倍率场景下布局的圆柱电池技术路线。自 2020 年特斯拉推出 4680 电池后，许多企业采取了跟随策略，中创新航选择了不同的技术路线，对圆柱电池结构进行了颠覆性创新，推出"顶流"结构。"顶流"结构的电流路径相对于无极耳电池下降 70%，结构电阻下降 50%，电池空间利用率提升 3%。这个技术特别适合快充。

　　目前，中创新航大圆柱电池可以做到 6C 快充，电芯的能量密度达到 300 瓦·时 / 千克。同时，在制造效率上，"顶流"圆柱电池相较于无极耳技术，生产线焊接数量减少 70% 左右。

格林美股份有限公司
副总经理
张宇平

智能拆解技术提高动力电池回收利用水平

从产业发展来讲，动力电池每年以约35%以上的速度在增长，必然会带来大量的退役问题，包括生产过程中产生的残次品。如何做好回收利用工作，是关乎中国新能源产业能不能可持续发展、能不能实现低碳发展的问题。另外，中国电池产业的能源金属资源高度依赖进口，如何实现资源回收，能不能在未来几年通过循环利用提供30%~50%，甚至全部的资源供应，是一个很大的挑战。

怎么做好这个产业？这不是赚不赚钱的问题，首要的是技术难题，是产业的系统性问题。目前，汽车、电池企业都聚焦在做好动力电池的结构，做好材料，包括生产过程中的智能制造、绿色制造环节，但后端还有很多以人工拆解为主的生产方式，还有一些小作坊方式，完全不能匹配我国在电池前端智能制造、"极限制造"的世界地位。

动力电池回收的难度在哪里？看看这几年我们回收的电池包可见端倪。我们与全球600多家企业合作，回收的电池包千姿百态，品种繁多，更新迭代很快。为了提升能量密度，提高续驶能力，产业前端在材料、结构方面进行了大量创新。如果回收跟不上前端制造的速度和技术要求，就不可能撬开所有电池包。今后也不太可能有年轻人愿意从事落后环境的工作，用机器人替代人工是发展方向，同时也有很多矛盾，比如电池拆解作业复杂，一致性差，机器人识别难度高。所以动力电池回收行业要加快推动智能化、柔性化、精细化处理能力的提升。

做好电池整体的回收利用，智能拆解技术很有必要。首先要做好数据采集，中国已有超过5000多种电池包，汽车动力电池使用6~8年就要退役，当前这些电池包的数据还没有很好地给到回收利用端，因此，回收企业首先要做好数据采集，对电池包进行建模。其次是提高机器人的智能化水平，这个难度相当大。比如，电池上盖有碳纤维的，也有铝制的，用什么工具去抓取和搬运？电池内部模组的成组方式多种多样，冷却系统也很复杂，怎么样精细化无损地拆解和搬运也是难题。电池包里有几十种产物，怎么用机器人代替人进行快速识别，也有很大难度。把电池包拆解到模组，再到电芯，采取什么样的方式把电芯修复，还要对模组进行重组，都是要解决的技术难题。

国家要求电池回收利用要全流程溯源，因此，我们在积极打造数字化电池回收工厂，让整个废物处理的全过程与国家平台无缝对接，实现对电池生产、使用、回收与利用全流程追踪。

格林美希望与更多同仁共同建立电池拆解数据库，开发相关算法，推动拆解智能化，推动机器换人进度，达到前端制造和后端回收利用同频共振的维度，进而实现整个新能源产业链的高质量高水平发展。

浙江华友循环科技
有限公司总经理

鲍 伟

"芯安锂得"：构建退役动力电池循环
利用闭环生态

华友循环聚焦于退役动力电池的循环利用，这也是电动汽车后市场服务中的重要一环。我们的行动指南是"芯安锂得"，其中，"芯安"是指退役动力电池的安全回收、利用，特别是梯次利用，通过与整车企业、电池企业的合作，退役动力电池得到更安全、更有价值的梯次利用，这是一项非常好的增值业务；"锂得"是指通过退役动力电池的再生利用，获得关键性镍、钴、锂、锰等金属材料，为客户未来锁定有保障、可追溯的再生锂电材料资源。

华友钴业成立于 2002 年，2015 年在上海证券交易所上市，是一家从事矿山开采、化工冶炼、正极材料研发生产到循环回收再制造的一体化的锂电材料龙头企业，致力于成为全球的锂电材料领导者。华友循环产业集团是华友钴业五大产业集团之一，是华友一体化产业结构的"联轴器"，是增强客户黏性、打造闭环产业链的关键环节。华友循环产业集团以"打造锂电金属绿色循环，助力能源转型，创造地球美好未来"为使命，携手上下游客户在退役动力电池梯次利用、再生利用及锂电池后市场服务等领域创新模式，为客户提供全球化的锂电池全生命周期管理方案。

近几年，动力电池回收行业面临着一个问题：退役或者报废的电池都去哪儿了？目前市场上普遍的共识是退役动力电池多流向未有白名单资质的小企业、小作坊，并有一种观点，认为正规的、大型电池回收企业因回收及处理成本过高而竞争不过小企业、小作坊，才导致如此市场现象。前几年这种现象确实较为普遍，但近几年情况已发生较大变化。随着产能规模的不断扩大，以及相关政策法规的不断健全，大型回收综合利用企业的成本优势和安全优势正在逐渐展现。未来还是以具有回收资质的大型回收企业为主流，这也与国家政策制定方向一致。

目前回收渠道多样，参与主体众多，市场竞争异常激烈。公开数据显示，具有电池回收及拆解资质的企业从 2017 年的 300 多家增加到 2022 年的 3.2 万家，即使实际经营的企业只有一半，也多达 1.6 万家，远远超出当前退役电池处理需求，行业呈现"未火先热""僧多粥少"的现象。因此，未来回收渠道的控制对企业发展十分关键。

当前，华友循环产业集团正在积极布局电池资产管理业务（市场称为"电池银行"），通过成立电池资产管理公司，从源头端控制电池去向。依托集团锂电冶金优势，提前测算电池残值并进行折现，为电池提供残值保障。打造包括电池资产管理、电池数据追踪、维修和保险、梯次利用、回收及再生的循环产业链一体化布局，并致力于锂电池全生命周期低碳生态。未来，华友循环将给客户提供四方面协助。

一是协助客户持有电池资产。华友循环携手客户，成立电池资产管理合资公司，携手管理电池资产。通过给电池资产进行担保、电池残值保障，降低客户持有电池资产的风险，助力客户提高运营效益。

二是协助客户解决海外电池回收问题。近两年国内电池企业、整车企业客户加速海外布局，华友在韩国、印尼、欧洲都有相应的电池回收产能布局，可以帮助国内客户进行海外电池回收业务，解决客户担忧的"出海"环保问题。

三是协助客户解决电池增值问题。电池梯次利用是一项较为复杂的业务模式，同时也是实现电池增值的重要环节，做好梯次利用业务有利于电池残值的提高。华友循环与客户在梯次利用及锂电池后市场领域开展合作，通过对退役电池进行梯次利用，帮助客户实现电池增值。

四是协助客户明确再生材料需求。国际市场对再生材料有明确的要求，尤其是欧洲及北美区域。凭借华友集团庞大的资源优势，以及锂电材料冶金的先进技术，华友循环可通过"废料换材料"模式，即客户把电池废料交与华友处理，华友还给客户锂电池金属材料。此模式下华友可为客户提供重组原材料保障以及极具价格竞争力的锂电材料产品。

华友循环通过与众多主机厂、电池企业的合作，使得客户电池残值进一步提升，原材料成本进一步降低，最终可实现"芯安锂得"。

宁夏汉尧富锂科技有限责任公司
常务副总经理

胡 伟

富锂锰基材料有技术和成本优势

富锂锰基正极材料，是由 Li_2MnO_3 与 $LiMn_{1/2}Ni_{1/2}O_2$ 组成的固溶体系，其衍生品非常多，可以跟三元材料进行复合，也可以跟钴酸进行复合等。

富锂锰基材料有很多优势，主要体现在以下六方面。

1）常规电压下，富锂锰基材料在目前所有商业化正极材料中循环稳定性是最好的，其常温循环可以做到 2300 周不衰减，45℃下可以充放 1700 周保持率 88%。

2）高电压下，富锂锰基材料可表现出非常高的克容量，是高能量密度电池的理想正极材料，其克容量可达到 250 毫安·时/克。

3）富锂锰基材料可以跟其他正极材料进行搭配使用，应用于各种场景。

4）富锂锰基材料由于富锂的特点，通过应用方式设计可起到补锂作用。

5）目前，富锂锰基材料大批量应用处于初始阶段，其衍生品非常多，有非常大的开发应用空间。

6）富锂锰基材料是无钴低镍高锰材料，大大减少了对钴、镍资源的依赖，未来可为国家减少钴资源进口。

宁夏汉尧公司一直致力于将富锂锰基材料制作成能量密度超过高镍三元材料、瓦·时成本接近磷酸铁锂的全新高性价比正极材料体系。按碳酸锂 15 万元/吨计算，富锂锰基材料的成本比高镍三元材料低很多，瓦·时成本与磷酸铁锂材料相近；4.6 伏下应用的富锂锰基材料，瓦·时成本可达到磷酸铁锂材料水平，与高镍三元材料相比，瓦·时成本低很多。能量密度方面，当富锂锰基材料电压到 4.5 伏、4.6 伏时，按正极材料计算，质量能量密度、体积能量密度非常高，与磷酸铁锂材料，甚至高镍三元材料相比都有很大优势。

宁夏汉尧对富锂锰基材料的研发一直在进行，2022 年获得了两个国家级项目：我们牵头的工业和信息化部项目与宁德时代、中国科学院宁波材料技术与工程所等单位合作；与宁德时代合作了科技部的一个富锂锰基无钴材料项目。

公司技术团队从 2006 年开始研发富锂锰基材料，2009 年开始进行富锂锰基材料的产业化。目前，公司在宁夏基地建设了万吨级富锂锰基前驱体及正极材料生产线，实现了富锂锰基材料的批量化生产及销售。现在富锂锰基材料型号有多种，主要包括以下几个应用方向。

1）纯用。充电电压为 4.4 伏、4.5 伏时开始实施纯用方向。在 4.4 伏下克容量可达到 180 毫安·时/克；在 4.45 伏时克容量为 200~230 毫安·时/克，克容量比较高，瓦·时成本比较低，循环性能达到 1500 周以上，达到纯用，性价比高。这个应用方向目前已经到试生产阶段，已做了验证。

2）锰酸锂混掺。利用富锂锰基材料在 4.2 伏、4.3 伏电压下优异的高储存性能以及长循环寿命特点，弥补锰酸锂材料储能性能差、循环性能差的缺陷，2020 年开始有大批量的应用。

3）与磷酸锰铁锂的混掺使用。我们承接了国内大型客户的项目，2023 年将实现量产。

4）与中镍单晶三元材料混合使用。可以优化循环性能，并且降低电池的瓦·时成本。

5）可以作为正极补锂剂。

02

领军企业打造全球
竞争力

理想汽车董事长兼 CEO

李　想

理想汽车为什么能够连续推出爆款产品？

在进入汽车行业之前，我从事的是互联网行业，所做的产品是与汽车相关的汽车之家，因此对汽车行业有一些了解。但是当我真正进入这个领域之后，才发现汽车行业的链条如此之长，难度如此之大。其中最大的挑战，来自组织能力。

2015 年创办公司时，我们招募了很多经验丰富、来自传统汽车厂商的研发工程师。但不到一年的时间，我们就遇到了问题，企业内部来自不同厂商的工程师们都有各自不同的想法。于是我们开始意识到，作为一家企业，组织流程中最重要的是怎样修出一条大家公认的符合标准的路，怎样去规划路，以及怎样运营路。

为此，我们将一个组织所要从事的业务进行了简单的分析规划。作为一家刚入行的企业，理想汽车同时要变成四类不同的公司，面对不同的问题。

首先，我们要研发汽车产品，管理好供应链，同时还需要制造汽车产品。因此，理想汽车是一个标准的汽车企业。但我们又和传统汽车企业非常不同。电动汽车的成本很高，作为卖 30 万元以上的汽车产品的企业，我们没有足够的"财力"以类似 BBA [⊖]的成本为 4S 店提供产品。所以理想汽车要做直营，以 1/3 的成本卖出去一辆车。但是直营也有难度，于是我们要变成一家"4S 店的集团"，管理车辆的销售、交付以及售后服务，因而又变成了一个服务网络体系。现在，

　⊖　BBA 指奔驰、宝马和奥迪。

理想汽车在全国已经拥有 700 多家店面。同时，我们还需要做应用，去连接云服务和数据库。因此，理想汽车又是一家标准的互联网公司，向用户提供软件和应用。

这几种不同的企业需要完全不同的管理方式。来自汽车、零售、服务和互联网行业的员工，他们一开始不知道怎样在一起工作。所以我们学习了每一个领域中最先进公司的流程和工作方式，并招募了一些这样的人。我们还采用了目标与关键成果（OKR）的方法，通过目标管理和有效的目标沟通工具，将这几个部门联系起来。因此，理想汽车能够成功地在 2019 年完成第一辆车的研发，并且在 2020 年开始交付。

从 2020 年开始，我们继续全面学习 IBM、华为、苹果等优秀企业的方法和组织能力，从两个维度解决问题。一方面，因为汽车行业链条长、周期长、业务复杂，所以我们在初始阶段就将规划做得特别清楚，并且让更多的团队共同参与规划。在规划清晰之后，再把它变成计划，针对团队的协同、资源的复盘进行有效分配。这区别于过去的线性流程，将传统的汽车研发方式变成了一个立体的流程。另一方面，这在经营的维度上也带来了好处。企业规模达到几万人后，往往会出现作战混乱的问题，为了解决这样的问题，我们的产品开发团队（PDT）经理相当于作战指挥部，统一管理设计、软件、硬件等作战部队。在汽车研发的组织维度上，我们发现了这样一套合适的流程，并且已经开始实践。

针对这套流程，我们也要改变自己的组织结构，从过去的职能型组织变成一个矩阵型组织。这样的流程和矩阵型组织有效地解决了很多问题：第一个是团队各自为战的问题；第二个是技术、平台和产品研发的协同问题；第三个是产品、供应链和交付的商业协同问题。

在过去的两年里，流程和组织的实践带给我们很多实际价值。第一，将理想 ONE 做成爆品的能力能够复制到所有车型上，理想 L9、L8、L7 在推出之后都会成为其细分领域里销量第一的产品。第二，提升了供应和产能爬升的速度。哪怕在疫情期间，理想 L9、L8 都能够在交付第二个月实现交付量过万。而第三个好处则是一个意外收获，在这样的流程和组织结构下，我们培养出大量有经营意识的人，他们不仅会考虑怎样赚钱，也会全流程控制成本。因此，我们可以实现非常健康的毛利率，并且确保收益和成本与所要达成的目标一致。

一汽解放汽车有限公司
副总经理
季一志

发挥链主作用　行业龙头要率先突破

一汽解放作为新能源商用车链主单位，充分发挥链主作用，彰显央企担当，率先做到掌握核心技术、打造拳头产品、创造市场生态，开展卓越运营。

一、产品技术创新

打造自主可控的核心总成，开发新能源专属整车平台，并使智能网联技术与新能源产品技术深度融合。2021 年发布"15333 新能源战略"以来，解放全面开展纯电动、混合动力、燃料电池三大技术路线下的整车及总成产品布局，全力开拓新能源赛道，通过传统汽车电动化、核心总成自主化、整车平台专属化三步走策略，实现新能源整车产品力中国第一、世界一流。

二、市场与生态创新

形成新能源商用车商业模式，打造新能源一体化解决方案。目前，一汽解放携手宁德时代成立合资公司解放时代，致力于落实解放的新能源专属服务，即车电分离、整车租赁、运力承接、二手车及电池回购等业务。同时，通过持续深化"哥伦布智慧物流"开放计划，先后成立了挚途科技、鱼快创领、赋界科技等新业态公司，使解放实现车联网用户超过 210 万、智能汽车投放近 300 万辆、行驶里程超 500 万千米，以及后市场生态服务营收超 30 亿元。

三、打造世界领先的智能制造低碳工厂

一汽解放已构建长春、青岛、成都、佛山、柳州五大整车基地，长春、无锡、大连三大总成基地的资源布局，形成 50 万辆级产能规模。解放整车工厂荣获 2022 年度工业和信息化部大数据产业发展试点示范项目，入选 2022 年度工业和信息化部智能制造示范工厂揭榜单位，智能制造已成为解放的核心竞争力。

四、把握新能源优势期，产业链联合，共同扬帆"出海"

在"一带一路"产业升级国家倡议背景下，响应国家倡议，推动产品出口，树立中国品牌国际形象和影响力。在新能源转型期，我国新能源技术和商业模式在国际上具备一定优势，是"换道超车"，对欧美企业完成领先和超越的最佳时机。

五、以"数智化"赋能新能源转型

一汽解放将运用数字化手段加速"双碳"战略落地，联手业界率先建立中国商用车碳账户平台体系，为国内市场和出口市场的碳足迹测算、碳标签认证提供依据。

北汽福田汽车股份有限公司副总裁、
卡文汽车总经理

秦志东

技术进步＋商业模式创新将成为新能源商用车发展的重要路径

商用车的生产工具本质决定了其对成本和效率的高要求。近年来，物流运价一直处于低位，导致物流企业赢利的状况较差。所以，虽然我国商用车的新能源化起步很早，但随着成本上升、电池成本增加，特别是购置补贴退出，新能源商用车的经济性面临的挑战更加严峻。另外，燃油汽车市场的"内卷"波及了新能源汽车。2021 年，4.5 吨燃油轻卡售价 10 万元左右，2023 年最低已经到了 8 万元以下，燃油汽车降价、电动汽车涨价，进一步拉大了油电差，阻碍了商用车的新能源化。不同类型商用车的新能源化水平不均衡，VAN$^{\ominus}$类产品由于 TCO 优势明显，两年就可以实现油电平衡，目前渗透率已经超过 45%。但新能源卡车，尤其是重卡的经济性并不明显，一方面目前电价相对比较高；另一方面，其购置成本是传统燃油汽车成本的两倍，对用户心理造成较大冲击。未来，我们认为技术进步＋商业模式创新将成为新能源商用车发展的重要路径。

针对降低 TCO 这个核心要素，北汽福田汽车正在做好以下几方面优化。

一是新能源整车向低能耗、高效率、低成本、智能化、全新平台方向发展，包括轻量化、去冗余、降低能耗、提高效率；通过部件整合、构件减少、去冗余、规模化降成本，实现低成本。

二是把三电系统作为主攻方向之一，高寿命、高安全性、高密度和低成本成为动力电池发展的方向。目前动力电池的循环寿命已经提高到 1.2 万次，同时，

$\ominus$　VAN 指一种多用途的小型厢式货车或面包车，广泛用于货物或乘客运输。

从液态向半固态、固态发展，从而提高安全性，预计 2025 年半固态电池可以实现量产装车；电驱动的高度集成化和高安全化趋势明显，我们的电驱动桥从原来二合一向三合一发展，VAN 类产品可以做到八合一；电控部分除了集成化，碳化硅也将逐步替代绝缘栅双极型晶体管（IGBT）。

三是在燃料电池方向，电池堆部分在向高功率、高效率、长寿命发展。2023年，重卡车载电池堆功率将从 120 千瓦提升到 300 千瓦，以满足干线运输的需求；同时，在工况条件下实现 55%~60% 的效率，有力降低能耗，降低 TCO 水平。电池堆寿命需要提高到 30000~35000 小时，才能保证重卡行驶 150 万千米，以实现氢燃料电池在干线上实现批量化应用。气态储氢空间占用大、质量大、成本难控制，未来可能成为发展瓶颈。每千克气态储氢的成本可能会维持在 2000 元左右，一辆重卡的储氢瓶成本高达 16 万~20 万元。而液化氢气的储氢质量可以降低2/3，成本降到每千克 1000 元，未来有可能进一步降到 500~600 元，从而彻底解决大容量储氢和低成本的矛盾。所以液氢将可能成为发展方向。综合以上因素，预计燃料电池重卡将在 2030 年左右实现 TCO 平衡。

四是智能网联化将成为商用车运营效率、安全性提升的重要手段。车道偏离、主动制动等技术已经广泛应用，大幅提升了行驶的安全性。随着电子制动技术的发展，车与车之间的距离将进一步降低，未来队列行驶的综合能耗将会比现在下降 30%~40%，从而提高运输效率、降低成本。

五是汽车企业联合产业链伙伴进行商业模式创新，围绕商用车全生命周期为用户提供包含购车、用车、补能、维修、金融、二手车、电池处理等在内的解决方案，提升客户购车、用车效率，降低运营成本。

在商用车新能源和智能化发展过程中，还有以下几方面工作需要大家共同努力。首先，需要尽快统一换电标准，加快建立液氢标准体系；第二，加快建设满足新能源商用车补能需要的基础设施，特别是充电桩、加氢站和气体供应站；第三，继续支持氢燃料和三电核心技术研发，为提高我国新能源和智能网联商用车竞争力赋能。

蔚来创始人、董事长、
CEO

李 斌

我们还要为最后的胜出进行投入

2022 年，蔚来交付了 122486 辆高端智能电动汽车，这个数字和同行比不是特别多，但平均交付的终端价格达到 43.7 万元。2022 年第四季度，蔚来在 30 万元以上高端纯电动车型中的市场份额达到 54.8%，在 40 万元以上高端纯电动车型中的市场份额达到 75%，应该讲，蔚来见证了中国汽车品牌向上的历程。

2023 年汽车行业面临很多困难，有很大的不确定性，包括蔚来在内的汽车企业都要做一些艰难的抉择。我们是一家创业公司，没有资格停下来想太多，但我们想清楚的一件事，是在确保经营风险可控、提升效率的同时，还要为最后的胜出进行投入，包括三个方面。

第一是对核心技术研发持续进行投入。2022 年蔚来赔了一些钱，主要赔在研发上，我觉得它是投资。蔚来从 2015 年创立开始就是全球研发布局，2019 年快倒闭的时候，也没有把欧洲办公室、硅谷办公室关掉。目前，我们在美国、欧洲、中国建立了 10 处以上研发中心，2022 年第四季度研发投入接近 40 亿元，全年研发投入 108 亿元，全年收入近 500 亿元。

2023 年，围绕智能电动汽车全栈研发能力，包括芯片、底层操作系统、材料、电芯，都要进行全面投入。蔚来研发人员已经超过 1 万人，2023 年仍然会招聘近两千名应届毕业生进行长期培养。蔚来已获得六千多项专利，涵盖智能电动汽车全栈技术。

2021 年、2022 年，蔚来连续获得中国汽车工程学会科学技术奖 科技进步一等奖；2022 年赢得德国最具分量的"金方向盘奖"，是欧洲中大型轿车的最高奖，也是中国品牌第一次获得这样的奖项。

第二是对充换电基础设施持续进行投入。充换电基础设施是决定电动汽车用户使用体验的最重要因素。我们 2015 年研发汽车时就定下可充、可换、可升级的充换电服务体系路线。蔚来已经为用户安装了超过 18 万根充电桩，14000 多根公共充电桩，而且是开放的。最近安装的 500 千瓦超快速充电桩，里面的双向充电模块是我们研发的。蔚来在全国部署了 52 条目的地加电路线，在川藏线、珠峰大本营、漠河、新疆独库公路等都有，2023 年还会再布 20 多条。蔚来在全球接入超过 100 万根第三方充电桩，在欧洲部署了 13 座换电站。

换电已经成为蔚来用户最喜爱的加电方式。2022 年 2 月 14 日，蔚来用户的换电电量第一次超过充电电量，现在占比已达到 60%。蔚来用户除了使用家用充电桩外基本都是换电，现在已经接近完成 2000 万次换电，这个比例远远超过我们的预计。

蔚来已经建成 6 纵 3 横 8 大城市群换电网络，到 2025 年将全面建成 9 纵 9 横 19 大城市群高速换电网络，能够基本保证用户高速出行无忧。2023 年，蔚来还将布局 1000 多座换电站，到 2023 年年底累计建成 2300 座换电站，新增 10000 根充电桩。

第三是坚决进入全球市场，服务更多用户。2021 年 9 月 30 日，蔚来开始在挪威交付车辆，有众多中国汽车企业进入挪威，我们在挪威细分市场份额已经到第一、第二名。2022 年 10 月 7 日，蔚来正式宣布进入德国、荷兰、丹麦和瑞典，10 月 16 日开始在这四国交付车辆。我们的法兰克福 NIO House 前不久开业了，此前开设了柏林 NIO House、鹿特丹 NIO House。

在这个特别挑战的时期，蔚来还是选择做长期对的事情，进行长期投入。我们相信这些投入最终能够收获好的结果。道阻且长，行则将至，行而不辍，未来可期。○

○ 以上发言数据截至 2023 年 3 月 31 日。

03

加速汽车芯片
国产化应用

中国工程院院士、中国科学院
计算技术研究所研究员

倪光南

RISC-V 架构助力基础软件自立自强

西方在基础软件领域一直处于主导地位，和传统技术相比，软件不容易被人认知。长期以来，在我国信息化工作中一般都存在"重硬轻软"的倾向，从而导致我国在基础软件方面没有形成产业能力和产业生态。

要推动中国智能汽车产业的发展，保证关键核心技术自主可控，汽车的基础软件具有极其重要的地位和作用。习近平总书记在主持中央政治局第三次集体学习时指出，要打好科技、仪器设备、操作系统和基础软件的国产化攻坚战。智能汽车产业的同仁一定要遵照习近平总书记的指示，承担起汽车基础软件国产化攻坚战的任务，将汽车基础软件发展的主动权牢牢掌握在自己手里，实现汽车基础软件自立自强，争取在智能汽车这一新型领域实现高质量发展。

从内涵上来看，早期计算机只有系统软件和应用软件两类。后来随着软件技术的发展，陆续提出了一些新的类型，例如支撑软件、中间件等。今天，基础软件的概念也没有严格的定义，根据对基础软件普遍的观点，我把它分成三类。

第一类，计算机系统运作不可缺少的软件；第二类，支撑开发与运行环境的软件；第三类，面向广大领域的共性应用软件。按照这个观点，操作系统、系统软件、数据库中间件、网络软件、开发工具、安全软件、功能软件、工业软件等都属于基础软件范畴。随着技术进步，基础软件的内涵也在不断地发展。

近年来，开源 RISC-V[○]架构迅速兴起。RISC-V 完全开源、架构紧凑、模块化、

　○　RISC-V 为第五代精简指令集计算机。

易于定制扩展，能够很好地适应智能汽车这种丰富的应用场景。因此，RISC-V 得到了我国 AI 领域、物联网（IoT）领域、智能汽车领域的广泛认可。广大企业和各界人士都认为，我们发展智能汽车领域的基础软件应当聚焦于 RISC-V 架构，这样才有可能在新一轮科技革命之中从被动转为主动。

发展 RISC-V 架构，是挑战，也是机遇。挑战在于 RISC-V 架构作为新兴的架构，它的基础软件很多还不具备，还不完善，需要投入巨大的人力、物力，耗费很长的时间，不像传统的 X86 和 ARM 架构的基础软件比较成熟，往往拿来就可以用。

发展 RISC-V 架构也是机遇。技术的发展具有时代性特点，X86 架构是个人计算机（PC）时代的产物，ARM 架构是移动时代的产物，这两种架构经过多年的发展已经形成了两大生态体系，垄断了市场。因此，我们很难摆脱"跟跑"的被动状态。

现在，世界进入了万物互联的新时期，开源 RISC-V 架构的出现顺应了新一代技术变革的需要，也为中国芯片产业的发展，以及构建具有国际影响力的产业生态提供了新的机遇。如果中国能够加大投入，和世界协同创新，发展整套高质量的 RISC-V 基础软件，就有可能在智能汽车基础软件领域实现从跟跑到并跑，甚至领跑。

百度集团资深副总裁、
智能驾驶事业群组总裁

李震宇

自主创新　迎接中国汽车产业"智变时刻"

中国汽车行业在新能源转型的"上半场"已经取得巨大成效，2021年电动化渗透率超过15%，完成了跨沟。但这不是终局，我们预测，2026年高阶智能驾驶的渗透率将超过15%，完成智能化的跨沟。届时，智能驾驶市场的爆发将会引起汽车产业新一轮洗牌。未来的3年是汽车智能化下半场关键的窗口期，人工智能技术将成为决胜的关键。

过去的一年，智能汽车领域最大的变化之一，是无人驾驶在中国复杂城市道路场景中真正落地。目前，北京、武汉、重庆、上海等城市陆续开始了全无人测试和运营。以百度举例，在武汉，萝卜快跑全无人车队已经超过一百辆，规模达到该区域专车数量的1/3，成为当地核心运力。从0到1，百度走了9年；但从1到100辆，仅用了几个月。

AI技术赋予智能汽车"超级大脑"。举例来说，基于AI技术的自动驾驶规划控制系统已经实现了从"基于规则"到"基于自学习"的算法范式变革。自学习算法超越了经验系统，能更加聪明地处理复杂场景，大幅扩展自动驾驶的设计和运营范围。过去半年，百度萝卜快跑在武汉的可运营区域从13平方千米扩展到530平方千米，覆盖人口超过150万。用户给我们最真实的反馈是：对于无人驾驶，你只要乘坐过，就会选择相信。科技的进步，一定是普惠的。

人工智能技术近期比较火的是大语言模型。包括ChatGPT还有百度的"文心一言"，大模型会给汽车发展带来更大的想象空间。

首先，人工智能将重塑汽车空间，人与汽车的关系将截然不同。未来，每辆汽车都需要搭载一个"数字虚拟人",汽车将首次同时拥有智商和情商。这个"数字虚拟人"不仅可以模拟人的外形,而且还有情绪、有智慧,真正具备对人类意图的理解能力。在指令型交互以外,能主动识别环境、语境,主动给建议、出主意。同时,它不再是单一场景的车机助理,而会真正化身成全能助理,在驾驶过程中担任驾驶员和导航员,在出行过程中担任导游,在生活中担任专属秘书,甚至可以是陪你聊天的情绪疏导员。可以预见,智能座舱将成为汽车创新的新焦点。

第二,人工智能将缩短用户和汽车企业之间的距离,用户和品牌之间的关系将更为紧密。中国已有4.6亿汽车驾驶员,从人力和成本角度看,汽车企业很难为这些用户提供一对一的专属服务,但人工智能将每辆车变为"全能助理",让汽车企业与用户直接对话,将不可能变成可能。当汽车成为"全能助理"后,汽车企业将面对用户需求的爆发式增长。为此,汽车企业需要迅速构建起"提示工程师"技术团队,他们是深刻理解汽车场景人机交互的专家,可以帮助汽车企业在需求定义、用户运营、产品升级等各环节,抓住并满足每一个用户的需求。未来,提供"千人千面"的产品迭代和服务拓展,将成为汽车企业新的差异化竞争力。

(陈)清泰理事长曾说过,这一轮汽车革命不是孤立的,它引发的是一场体系化、生态化的变革。这个过程中,网联赋能的价值巨大,现阶段可以加速全无人出行服务落地,未来,随着成本问题逐步解决,人类安全出行的难题也将得以攻克。单车智能好比车灯,网联赋能好比路灯,车灯和路灯是相辅相成的。"单车智能 + 网联赋能"的方案,就是车、路、城融合发展的终局。

围绕这个理念,我国率先开启了全球领先的创新和实践。在北京亦庄,全国首个高级别自动驾驶示范区跃然而起;在广州黄埔探索出全国首个智能交通运营商模式;上海嘉定,全国规模最大的车路云协同服务集群显现出了雏形,建成世界级标准的智能网联汽车生态;武汉,建设起全球领先的L3级别智能网联示范区；山西阳泉，打造出中小城市的智能网联样板。就像十年前建地铁、五年前布局 5G 通信一样，智能网联正在成为城市综合竞争力新一轮发展的重要象征。

智能网联赋能下的交通治理，已经开始逐渐走向规模化应用，并且有效提升了出行效率。以百度的实践来举例，伴随疫情后消费和经济活动复苏，各地车流激增，但在部署了 AI 交通信号控制的区域里，市民却没有觉得拥堵。以北京亦庄为例，车流量增长超过 80%，拥堵指标仅上涨 6.7%。AI 交通信号控制打造了交通治理的"活系统"，再复杂的城市道路也不再是难题。

我们看到，人工智能再次成为人类创新的焦点。百度期待与产业链各方一起紧握市场创新机遇，共谋中国汽车产业现代化发展，助力实现汽车强国、交通强国！

纳芯微电子创始人、
董事长、总经理

王升杨

释放汽车模拟芯片新潜力

模拟芯片和数字芯片的差异如下。

一是处理的信号不同。数字芯片主要解决离散的数字信号的控制和计算问题；模拟芯片主要处理连续的模拟信号，即现实世界和数字世界如何交互的问题，例如系统如何提供电源供电、系统如何与其他数字系统实现互联互通和信息通信。

二是技术难度不同。两者难度各有不同，模拟芯片需要更多的经验积累。

三是制作工艺不同。数字芯片需要先进制程，而模拟芯片则更多地使用成熟的制程。此外，模拟芯片还有其他设计要求，例如传感器方面的特殊制程、高电压芯片需要高电压制程等。

四是生命周期不同。模拟芯片生命周期在 5 年以上，数字芯片在 1~2 年。典型模拟芯片包括电源芯片、信号链芯片、驱动芯片、隔离器芯片、接口芯片等。

模拟芯片在汽车赛道具备巨大潜力。

一方面，应用广、市场规模大。2023 年，预计全球模拟芯片市场规模可达到近 1000 亿美元。模拟芯片的主要应用集中在通信、汽车、工业、消费板块，其中汽车是模拟芯片非常重要的应用场景和赛道，占比约 25%。

随着汽车智能化和电动化的发展，汽车模拟芯片的应用占比逐年提高。在传统燃油汽车上，模拟芯片应用在动力、底盘、车身等领域。在电动化和智能化领域则增加了更多应用场景，例如大小三电、高级驾驶辅助系统（ADAS）、域控和热管理。

另一方面，数量需求大，市场潜力大。单车模拟芯片的使用数量和价值量都在快速提升。到 2026 年，模拟芯片的平均单车价值量预计超过 300 美元。

我国模拟芯片产业需求量大，但国产化率低。我国模拟芯片市场约占全球市场的 40%。尽管近几年国产化芯片占比在提升，但是总体来说，自主率极低。全球模拟芯片厂商排名前十的公司，在全球市场的份额大于 68%，而国内排名前十的模拟芯片公司，在全球的市场份额仅为 3.1%，在汽车领域应用占比更低。

因此，我们希望提出一些国产模拟芯片的发展建议。

一是加速芯片国产化。希望汽车企业支持加快国产化进程，从供应链安全和供应保障角度，国产化将为整个行业带来积极作用。

二是加强产业链协同协作。由于产业链非常长，需要产业链间协作，更多公司投入车规级产品的开发。

三是加大人才培养。企业与高校、科研院所共同深度合作，缓解该领域人才稀缺和培养周期长的问题。

四是加快产品迭代速度，突破关键技术。对比数字芯片几代产品就能覆盖大部分应用需求，模拟芯片则需要几百、几千颗不同产品的料号才能较为全面地覆盖客户需要，如何快速实现产品扩展和迭代非常重要。

五是建立一套可靠和可持续的开发规范和流程。汽车领域有特定的产品开发规范，同时功能安全也需要特定开发流程，建立规范的产品开发过程，保证可持续和可靠的产品体系，是国产车规芯片公司走向成熟的关键举措。

后摩智能创始人兼 CEO

吴　强

芯片真创新　驱动新未来

计算效率的提升一直以来都是科技发展和变革的底层驱动力。这种计算能力的提升，为人们带来了丰富多彩的生活和便捷体验。当前，汽车领域科技革命和产业变革蓬勃兴起，中国汽车行业站在了转型升级的十字路口。这几年，中国汽车电动智能化的发展已经走到了世界前列，这是一个难得的历史机遇，中国企业应该乘势而上，抓住机遇，联合产业链上下游，推动智能驾驶继续向前发展。

而当前汽车智能化和电动化发展带来新挑战和新机遇。一是算力迭代快，但存在瓶颈。2017 年左右，大算力智能驾驶芯片的算力是 1TOPS[○]左右，包括英伟达 Parker 芯片和 Mobileye 芯片，现在已经发展到几百 TOPS，甚至上千 TOPS 的规模；AI 大模型时代又加速了对大算力芯片的需求，带宽和功耗都会有算力的瓶颈。L2+ 或者 L3 级自动驾驶至少需要几十 TOPS 到上百 TOPS。二是极致效率。云端大算力由于有空调可以不在乎功耗，但在车端不行，电池空间有限，又需要散热。三是成本可控。对比云端大算力，A100 是 1 万美元，但没有一辆汽车的算力成本能达到 1 万美元，所以成本要做到极致。四是自主可控。因为国际环境限制，需要把芯片做到自主可控。

存算一体是通过底层创新解决智能芯片瓶颈。借鉴中央处理器（CPU）传统的冯·诺依曼架构，中间靠一条总线连接分开的计算和存储，当 AI 算力达到百TOPS 级时总线成为瓶颈。存算一体是通过把计算和存储融合在一起，达到突破

○　TOPS（Tera Operations Per Second）为处理器运算能力单位，1TOPS 代表处理器每秒可进行 1 万亿（10^{12}）次操作。

算力瓶颈、提高能效比、降低成本和降低延迟的目标。

存算一体提升物理算力。芯片面临散热和大算力需求的矛盾，功耗足够低才能实现自然散热，汽车企业最喜欢自然散热，它在成本和可靠性方面具备优势；L2+ 级的高级辅助驾驶场景需要大算力。通过存算一体架构，在大幅提升物理算力的同时，实现能效比十倍乃至百倍提升，解决天生的矛盾。

存算一体有助于打造自主可控的芯片。它对先进制程的依赖相对较弱，如果在极端情况下，国内有可能用 28 纳米或者 40 纳米的成熟工艺，做出从性能到功耗媲美国际巨头 7 纳米的性能指标。它能助力真正实现国产自主可控，打造纯国产的芯片方案。

后摩智能做的事情就是用创新的存算一体底层架构，打造高能效比的智能驾驶芯片，实现计算效率数量级的提升。2023 年 5 月，后摩智能正式发布首款存算一体智能驾驶芯片——鸿途 ™H30，最高物理算力 256TOPS，典型功耗 35 瓦，成为国内率先落地存算一体大算力 AI 芯片公司。

推进中国汽车产业现代化

01　打造以消费者为中心的智能驾驶新体验

02　芯片产业助力智能化发展

03　构建新一代汽车操作系统产业协作新生态

第五篇
汽车产业智能化
发展路径

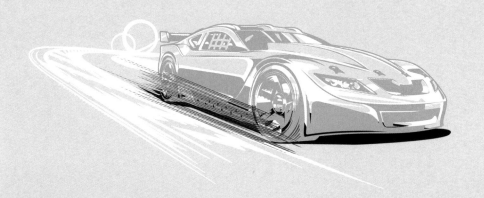

打造以消费者为中心
的智能驾驶新体验

百度集团副总裁、
智能汽车事业部总经理

储瑞松

构建以用户为中心的新型合作模式

中国汽车产业已在新能源领域换道超车。我国新能源乘用车的销量和渗透率在全球遥遥领先，同时积极布局新能源汽车国际市场。这得益于国家的长远布局、同行的努力，以及消费者的认可。新能源汽车日常使用的经济性、可操控性、舒适性等都优于燃油汽车，且充电难、里程焦虑等问题也已得到大幅缓解。2023 年，新能源汽车与燃油汽车的竞争已经发展到价格为 10 万~15 万元燃油汽车的主力战场。

乘用车迎来了从燃油汽车向新能源汽车转变的拐点时刻，市场处于上半场电动化的价格战淘汰赛阶段，下半场智能化的激烈竞争会随后而来。虽然当前智能化 B（企业）热 C（消费者）冷，有人认为智能化使汽车企业增加了物料清单（BOM）成本，在价格战中没有优势，但人无远虑必有近忧，现在在电动化价格战中最吃力的就是曾经怀疑电动化趋势或者电动化转型不坚决的企业。

据麦肯锡报告，大于 60% 的消费者认为智能网联有意义，并对高速智能驾驶和城市智能驾驶有需求。谁能率先很好地满足消费者的需求，提供安全安心、有真实获得感的智能化体验，谁就有可能在下半场智能化的竞争中获得先机。

汽车智能化的发展较电动化仍在早期，目前消费者购买决策中智能化影响不突出，因为绝大部分汽车企业仍在以硬件为主的思路造车和卖车，没有充分认识到智能化要打动消费者，必须要通过智能化带给消费者安全安心感和有真实连续获得感的体验。如 4S 店无法提供有相应智能驾驶功能的试驾车；有的车堆砌硬件，但实际提供的智能驾驶能力有限，承诺的 OTA 推送遥遥无期；有的车虽然搭载了智能驾驶，但用户要么不知道如何开启，要么开启后觉得用智能驾驶比自己开车更紧张。用户体验是智能化转型中汽车企业快速崛起的重要机遇。

智能化通过安全安心和真实获得感带给消费者优秀的体验感。安全安心方面，智能驾驶给用户带来安全感，系统必须极其稳定可靠，有用户可理解的清晰的能力边界定义，超出能力边界之外的要及时明确地告知用户接管。真实获得感方面，智能驾驶产品要容易使用；较好地满足用户的高频使用场景；有可靠和高成功率的 OTA 能力，让产品持续进化和常用常新。

汽车智能化是复杂大规模动态软硬件系统。硬件系统是基础，决定了自动驾驶能力的下限。硬件要提供准确的感知输入、充足的算力、车规级的高可靠性、低功耗和高性价比。

有了硬件的基础，影响用户体验最根本的因素还是算法软件，软件具备动态性、非线性和可修改升级。动态性方面，软件在运行时，自身的运行时序和状态的积累、和其他软件和子系统的交互，可能会大幅影响系统的行为和性能；非线性方面，软件受并发、异步、复杂逻辑分支等影响，软件中的不同部分可能以非线性的方式相互交互，这种相互作用会导致系统的行为变得复杂；可修改升级方面，软件可以被修改和升级。

在智能驾驶领域，除了以上软件系统动态复杂性外，还需要考虑以下因素。

软硬协同。现阶段由于硬件算力、软件成熟度等限制，软硬之间必须紧密协同，才能提供好的用户体验。

持续演进。软件迭代让用户获得常用常新的体验，既是产品生命力的体现，也对软件变更和版本管理提出更高要求。基于软件的可修改性，智能驾驶系统要具备不断迭代升级的能力，包括软件的代码、算法、用户界面、数据等模块，都持续演化。

数据驱动。数据是让软件保持活力的关键要素。当前车端的感知系统越来越多地使用基于鸟瞰图视角（BEV）+Transformer 的感知模型，一次 BEV 障碍物模型训练，需要至少数千万帧图。随着模型复杂度的提高，模型训练对数据的需求量会越来越大。

以上特点叠加，让智能驾驶成为一个极其复杂的技术和产品挑战。为了更好地应对这一挑战，真正给消费者提供安全安心和连续获得感的用户体验，在智能化时代需要共建智能化新体验。

汽车企业是负责从整车定义到交付消费者使用的全价值链条的链主，其核心价值是创造针对目标消费人群，定义满足需求的核心功能，整合一级供应商（Tier1）伙伴的能力优势，把整车按时、高质量、成本可控地制造出来，并完整地传递产品价值，把车卖好，再提供优质的服务，包括 OTA 升级迭代、建立和维护良好的口碑和品牌。

智能化合作伙伴提供专业的软硬件系统和服务。智能化供应商专注于做好很难且长期巨大投入的事情，比如核心智能驾驶的产品开发和技术迭代，和汽车企业建立长期可信赖的合作关系。一款车型的成功量产（SOP）只是合作的开始，企业需要通过持续的 OTA 给用户带来更好的体验。

百度作为一个新入局的汽车智能化一级供应商，对汽车行业有敬畏之心，尊重汽车企业在汽车行业价值链中链主的地位。同时，百度对自己的强大 AI 技术实力、产品竞争力、优异的产品用户体验、靠谱的量产交付能力，以及面向未来、持续创新的能力充满信心。百度致力于成为一个中国汽车智能化转型需要的新型、专业、本土的一级供应商，希望和志同道合的汽车企业深度合作、相互成就，共同做智能化时代的弄潮儿。

科大讯飞股份有限公司副总裁、
智能汽车事业部总经理

刘俊峰

用人工智能打造高品质的汽车听享空间

声音体验对于汽车而言是非常重要的一环，消费者愿意为更优质的声音体验付费，如不同场景下的专属耳机、动辄几十万元的家庭音响设备等，而车内空间是一个复杂的声学环境，会受到诸多干扰因素的限制。平均来看，用户每天花在车内的时间约有 2 小时，且在驾驶场景下，声音无疑是最为安全和高效的交互方式，移动场景下的交互体验拥有广阔的市场机遇。

座舱声音体验的要求包括以下几个方面：第一，声音不仅要好听，更要让用户听得舒服；第二，为适配车内多场景和多交互的需求，车载音频应该在每一个场景下都表现得恰到好处；第三，车内音频系统应当适应车型和用户喜好，并通过 OTA 不断升级优化。

要重塑声音链的应用场景，首要任务是夯实音频功率放大器调音的算法基础，再结合车辆的新功能，打造在延伸场景下的声音体验。基于车辆导航场景，开启导航后车辆仅会给驾驶位播报导航信息，不干扰其他乘客，后排乘客接打电话和听音乐等行为也不会对导航语音产生影响。同时，导航信息也可与声音位置进行结合，例如提示"前方请右拐"时，声音可以从驾驶员右方传来；在提示"前方请调头"时，语音会跟随转向实时改变播报方向；乘客聊天时，系统会自动调低音乐音量，减少干扰。当用户想在车里听一场演唱会或看一部大片时，即便有7.1.4 声道的片源，但是缺乏基础设施做保证，用户也无法得到优良的音效体验。通过区分不同的声音，我们可以把车内的交互场景从线性的变成多维的。

声音体验的升级也体现在人、车与环境的交互场景下。例如自动泊车的过程中，驾驶员可以通过车载声学单元与车外人员沟通；当主车需要规避特定车辆，如消防车、救护车、危险车辆等，相应的提示音会从对应的方向传来。

同时，科大讯飞还致力于打造多模态的交互体验。车辆在高速行驶时，受轮噪、风噪等因素影响，车内非常嘈杂，不利于乘客交流和休息。我们采用多模态到声学链条的技术，为乘客提供差异化声音服务，最后一排的人不用大声说话也能与第一排乘客轻松交流，让车内交互更自然、更智能。

推动声音链合作生态的构建，可以分为以下几步：一是将功率放大器的效果做到极致；二是积极走芯片国产化路线；三是构建完整的汽车工程链，并通过汽车工程链验证的全部流程，最终实现车辆软硬件协同；四是提高智能座舱的声音体验，与其他品牌拉开差距，实现从用户体验到产品价值的转化。

汽车消费者日益增长的高品质车载语音服务需求和市场供给不足的供需失衡是消费痛点。解决痛点，满足需求，乃至重新定义车载音效功能场景，是科大讯飞车载声学团队踔厉奋发的目标。

未来，科大讯飞将在车载音频管理系统领域持续深耕，不断推进核心技术的优化迭代与产业应用，重新定义百万豪车的声乐体验，以科技驱动行业变革，以数字化拥抱服务业态发展。

零跑汽车创始人、
董事长、CEO

朱江明

智能电动汽车的更新周期是两年

以前，国内汽车企业产品更新一代的时间一般是四年，国外一般是六年，但我认为，智能电动汽车更新一代的时间应该是两年，因为它是电子产品。

我们以十年为周期去观察家电和电子行业的价格变化。2013 年，TCL 55 英寸彩电的价格是 7000 元，今天，淘宝上同样的彩电，功能更多，还有互联网电视功能，价格约 1300 元。同样的功能、性能、规格，价格降了 80% 多。诺基亚 N9 手机十年前的价格是 2499 元，今天是 216 元，下降了 90% 多。机械成分占比更多的空调，十年前，三匹格力空调的价格是 13000 元，今天是 6000 元，下降了 53%。这是家电行业十年的变化，因为它们都有电子成分，都遵循"摩尔定律"，随着时间延长，价格下降趋势非常明显。

智能电动汽车成本中 60%~70% 是电子零部件，包括电池、电驱、电控以及智能座舱。所以电动汽车也将遵循"摩尔定律"，未来降价的空间非常大、速度非常快。

电动汽车的上半场是传统的电池、电驱、电控，下半场是智能座舱、智能驾驶、整车域控和核心零部件。比如智能座舱，零跑 2019 年用的是高通 14 纳米 8953 芯片，2021 年用的是 7 纳米 8155 芯片，2023 年年底到 2024 年会采用 8295 芯片。芯片规格是每两年更新一代，也势必要求汽车企业的座舱平台每两年换一换。智能驾驶，以英伟达芯片为例，2020 年是 12 纳米 30TOPS，现在有部分汽车企业量产用上了 7 纳米 254TOPS 算力的产品。英伟达宣布

Atlan 算力是 1000 TOPS，而且集座舱和 AI 一体化，2025 年量产。从这个趋势看，智能汽车电子产品需要两年对平台进行一次迭代，而且是平台化的迭代。

十年后电动汽车的价格是多少？我认为 5 万元是有可能实现的，当然 5 万元是指类似于零跑 C11 的中大型 SUV。为什么能做到这个价格？我从电动汽车中价值最高的电池、电驱、座舱、智能驾驶还有传统的零部件几方面进行分析。

先看电池包。2013 年，电池包每度电的价格是 3200 元，就是每瓦·时 3.2元。今天，磷酸铁锂电池包每瓦·时电池包的价格是 0.6~0.7 元，十年后电池包价格减半应能轻松实现。随着效能的提升、充电设施的完善，未来主流电动汽车按 400 千米续驶里程、50 度电计算，电池包价格 15000 元足够应对。

二看电驱动。现在 200 千瓦电驱动的价格是 8000~9000 元，质量约 85 千克，零跑 2023 年年底推出的 200 千瓦电驱动质量可以减到 70 千克，预估十年后可以降到 50 千克。电驱动成本主要由两部分构成，一部分是铁疙瘩，就是铝、铜、定子、转子，这部分部件的质量和成本成正比；另一部分是半导体零部件，如 IGBT 模块、驱动隔离、微控制单元（MCU），这些部件成本按照"摩尔定律"持续降低。通过国产化、产能提升，未来电驱动的价格最多是4000 元。

三看智能驾驶和智能座舱。未来一定是单芯片解决方案，诺基亚 N9 手机以前用几十个芯片，现在的手机是单芯片。未来智能座舱也一定是单芯片的，是包含了所有座舱、驾驶以及域控功能为一体的完全的单芯片解决方案。

最后看核心零部件。现在的车越来越高级，以前百万元价格以上的豪车才用空气悬架，现在 30 万~40 万元的车也具备空气悬架功能。不远的将来，我们可以看到 15 万元的车也用空气悬架。零跑 C11 这种 15 万元价格的车已经使用双叉臂加五连杆高级底盘架构，这种架构以前都是用在 BBA 中型 SUV 以上车型中的，价格为 40 万元的车才有这种配置。这个现象说明，将来的车性能会越来越好、越来越高级。

智加科技中国总经理

容　力

干线物流自动驾驶要从有人监督的
高级辅助驾驶做起

我国重卡保有量在 700 万辆以上，轻卡在 2000 万~3000 万辆。自动驾驶在商用车领域的商用价值非常高，能够降本增效，撬动的是万亿元级规模的干线物流市场价值。智加科技认为，无人驾驶不是一蹴而就的，必须经过有人监督的高等级辅助驾驶阶段。

智加科技是专注于干线物流重卡自动驾驶的技术公司，2016 年建立，目前，智加科技自主研发的有人监督的高等级辅助驾驶重卡技术已经应用在量产车上。

智加科技致力于将自动驾驶的适用范围，从高速公路主路逐渐扩大到收费站、弯道、匝道、国道，最后实现仓到仓。仓到仓是物流行业自动驾驶最终的目标。

智加科技联合挚途科技，助力一汽解放共同打造的自动驾驶重卡量产车型——J7 超级卡车，可以做到感知 360 度覆盖，最远观测距离达 1000 米，提前预判行车潜在风险，最高节约油耗 10%，这些优势是"老司机"无法达到或者超越的。最主要的是，自动驾驶重卡能让人类驾驶员省力，创造降本增效的商业价值。

荣庆物流是国内领先的大件物流公司，2022 年，智加科技联合挚途科技、一汽解放完成了面向荣庆物流的 100 辆中国最大前装量产自动驾驶重卡订单的首批交付，这也是量产级合规智能重卡在物流行业的首批批量订单。

在已经推出的智加科技自动驾驶系统 PlusDrive 1.0 版本的基础上，我们正在开发 PlusDrive 2.0，打造了基于更快的算力芯片的高性能车规级域控制器，在行业内率先集成了量产级商用车高精度地图，实现了包括双冗余电控液压助力转向（EHPS）系统在内的线控配置方案。

该产品预计2023年量产下线，能做到从收费站到收费站的领航自动驾驶，只需在地图上定好起点和终点，智能重卡即可自动驾驶，驾驶员能脱手脱脚，支持在典型快递快运场景中"双驾变单驾"，显著降低驾驶疲劳度。

目前，在中国，智加科技携手荣庆、申通、德坤等物流合作伙伴开启了前装量产智能重卡的联合运营，东至上海、北至盘锦、南至深圳、西至武汉，覆盖了快递、快运、零担、整车不同物流业务类型。

02

芯片产业助力
智能化发展

地平线创始人、CEO
余　凯

以人为本，回归理性，聚焦高级辅助驾驶

用户对驾驶的需求真的是无人驾驶吗？我们的调查数据显示，87%的用户真正要的是驾驶过程中那种轻松感——消除紧张和疲劳，我们实实在在地从高级辅助驾驶开始，就是在为用户创造价值了。日本和欧洲的辅助驾驶等级是 L1 和 L2 级，就是车道保持、紧急制动那样的安全功能。在中国，安全只是及格线，更多功能上车是用户体验驱动、用户价值驱动的。所以 2022 年出现了 L2+ 级高速导航辅助驾驶（NOA），包括环线高架桥的 NOA，不仅前视摄像头量产，包括周视、环视摄像头及毫米波雷达也开始量产。2022 年应该是 L2+ 级高速 NOA 的量产元年。

现在高速 NOA 的业界顶级水平是什么样呢？基本上做到 100 千米接管一次。2023 年，领先的汽车企业，包括蔚来、小鹏、理想都会推出面向城区的 NOA，但基本是 20~30 千米就要接管一次，在技术上还有挑战，我估计要研发至少 3 年才会有较大的进步。

业界对自动驾驶不要太焦虑，因为发展不会那么快。现在到 2025 年真正要做的，是在合理的性价比上把高速 NOA、环线 NOA 这种封闭道路上的自动驾驶做到如丝般顺滑，价格不能太贵；同时要有相当的投入，真正把城区 NOA 做到可用。

自动驾驶的算力，从几十 TOPS 到 1000TOPS，带来的用户体验跟价值没有太大区别。我们要做的事，是不断在给定的算力上优化软件、算法，用更多数据不断地去逼近用户体验的上限。相信若干年后，几百 TOPS 可以将城区 NOA 做

得不错，但真正实现更广泛区域内的自动驾驶，还是需要上千 TOPS 的算力。

在过去一年里，地平线持续取得商业进展，已经装车量产 50 多款车型，前装定点 120 多款车型，出货近 300 万片车载智能芯片，征程 5 芯片量产，是业界超过 100TOPS 算力已量产的两款芯片之一。我们拿下了一系列标杆车型、标杆汽车企业的量产项目，其中，搭载征程 5 芯片的理想汽车 L8、L7 于 2022 年 11 月开始交付。与合资品牌大众开始重量级的战略性合作，后面还会突破更多国际品牌。

高工智能调研数据显示，2022 年我们的市场占有率第一，达到近 49%，地平线和英伟达两家企业占整个市场 95% 的市场份额。

取得这样的商业进展，背后有很多看不见的努力。技术、安全、创新、流程、体系、质量方面的建构，芯片全流程安全认证、架构认证、工具链功能安全认证、信息安全、网络安全认证等都通过了世界顶级安全认证，表明地平线征程 5 芯片是按照业界最高等级安全标准设计的产品。

如果没有对人工智能软件算法有深度的理解和认知，就设计不出高效的计算芯片。2020 年举办的谷歌 Waymo 首届自动驾驶算法比赛，全世界 120 个团队参加，在全部 5 项比赛中，我们获得 4 项全球冠军，第 5 项是第二名。不久前召开的全球顶级人工智能计算机视觉 CVPR（IEEE 国际计算机视觉与模式识别会议），我们作为第一作者提出了一个基于 Transformer 端到端的自动算法框架，在 9000 篇投稿论文中，这篇论文入选了前十二篇最佳候选论文。这篇论文首次将检测、跟踪、预测、建图、轨迹预测端到端，用一个神经网络从前到后全部用一个简单的架构去完成，而传统的做法是把它切分成很多模块独立做。这样让我们有可能用端到端的大规模数据，去训练自动驾驶系统。

基于对算法的理解，我们把对算法的前瞻性研究注入对芯片架构的设计研发，叫作 BPU（Brain Processing Unit），已经注册了商标，希望未来能打造出图形处理器（GPU）那样的世界级计算架构。BPU 主要面向高等级自动驾驶，聚焦最新的深度神经网络算法的计算。征程 5 贝叶斯第三代 BPU 架构有一个特点，即高效支持 Transformer 计算。比如我们的 Swin Transformer，是 2021 年获得计算机视觉最高奖——马尔奖的 Transformer 图像识别的算法，与竞品计算芯片相比，可以用更低的功耗完成更高效率的计算。另一个 Transformer 算法 DETR，我们也获得了业界最好的每秒传输帧数（FPS）计算效率。

下一步怎么做？我们要继续用更大的数据、更大的模型，无监督地学习人类驾驶的常识，构建一个自回归的智能驾驶的大语言模型，这就是我们下一步要做的事情。

寒武纪行歌（南京）科技
有限公司执行总裁
王　平

AI 赋能快乐出行

消费者需求驱动智能驾驶发展。首先，L2 级别辅助驾驶将会快速普及，同时，L4 级自动驾驶长期应用在受限场景。其次，智能驾驶的一些算法将更复杂，因为要处理的数据量呈指数级上升，所以算力需求不断攀升。再次，车路云协同可以实现大数据闭环，也可以持续提升驾乘体验。最后，满足消费者个性化需求，需要厂商增强差异化竞争能力。

借助车云协同优势，满足高算力和个性化需求。一方面在云端，AI 芯片可以支撑自动驾驶算法的模型训练，把车端收集的海量数据进行处理和训练。另一方面在车端，提供大算力的自动驾驶芯片，支持多传感器的融合和算法迭代。

车端芯片和云端芯片采用统一处理器架构、指令集和平台集的基础软件，更好地支持高效数据闭环和 AI 调优，把精度损失降到最低。

最后，支持车端自学习，实现"千车千面"或者"千人千面"，同时，满足用户个性化驾乘需求和隐私保护；在车端存储数据，既保障信息安全，又减少云端 AI 集群成本。

关于车云协同芯片的挑战。首先在云端，预训练的模型复杂度高，而端到端的时间缩短。其次，数据是海量且复杂的，要求处理速度非常快。车端算法更多样化，需要车载芯片具备通用性特点，随着算力的提升，对功耗的要求更严格。

关于车云协同芯片的发展建议。一方面，政府、行业和汽车企业共同突破发展中的限制。从监管机构角度，通过专项基金，支持国内优秀创新的芯片企业；

从政府角度，出台一系列产业政策，鼓励国内主机厂逐年提高芯片国产化比例；从汽车企业角度，希望支持与创新型芯片企业联合开发，并且引导芯片符合汽车企业需求，使用更多国产芯片，引入 B 点供货或双芯计划，进一步打造产业生态。另一方面，制定国产车规级先进工艺的战略规划，实现车规级先进工艺制造和封装在本土落地，避免关键领域出现"卡脖子"问题。

毫末智行联合创始人、CEO
顾维灏

大算力、大数据、大模型在自动驾驶 3.0 时代的实践

我分享的是自动驾驶 3.0 时代大模型、大算力、大数据方面的实践和想法。

2023 年，中国辅助驾驶的渗透率比 2022 年高一些，如果 2025 年达到更高的渗透率，2023 年的技术竞争会更加激烈。例如，城市导航辅助驾驶一定会上车；行泊一体解决方案，一定是量产上市的新一代产品；毫末智行同时做的末端物流自动配送车也会形成商业化闭环；大模型应用也会逐步落地。

三年前，毫末智行成立之初就在选赛道、选产品。我们认为，完全自动驾驶载人产品形态还需要很长时间才会出现，所以集中精力在载人辅助驾驶以及完全无人的、载物的自动驾驶这两件事情上重点发展。

几年来，毫末智行建成了中国自动驾驶公司最大的智算中心，也是首个自主研发的自动紧急制动（AEB）算法，在海外获得 E-NCAP（欧洲新车安全评鉴协会）以及 A-NCAP（澳大利亚新车安全评鉴协会）能力认证的自动驾驶公司。目前毫末智行已经成为中国自动驾驶公司中量产自动驾驶第一名，有近 20 款车型集成了毫末智行的辅助驾驶产品，辅助驾驶里程超过 5400 万千米。毫末智行与长城汽车合作，把自主研发的 AEB 算法一起出口到海外，进入欧洲、大洋洲等市场。

2022 年 4 月，毫末智行发布了城市导航辅助驾驶技术方案，就是重感知、大算力的方案。一年多来，这套方案得到多方认可。我认为，这种重感知、大算力的方案，有可能在更大范围内实现点到点的导航辅助驾驶功能。

为使这些领先产品落地，我们默默地做了三件事情。第一件是重感知技术路

线，从创立公司第一天起就走这条路线。第二件是我们的大模型技术应用较为领先。第三件是毫末智行的用户闭环数据建设，也远远领先很多同类公司。所以，我们才能把大规模落地的城市导航辅助驾驶产品交付到客户手上。

现在，在很多领域，我们看到了大模型运用的威力。为了让更多数据转化成知识，2023 年 1 月，毫末智行与火山引擎共同建立了中国自动驾驶领域首个智算中心，具有 67 亿亿次 / 秒计算能力。为配合建造计算能力和更快迭代的大模型，我们设计了较高的通信能力和高速存储能力。此前设计的五个大模型，包括视觉自监督大模型、3D 重建大模型、多模态互监督大模型、动态环境大模型和人驾自监督认知大模型，都已在我们的数据体系中持续运行。这五个大模型支持我们的能力快速发展，给我们带来更大突破。2023 年 4 月，我们发布了行业首个自动驾驶生成式大模型 DriveGPT 雪湖·海若。

毫末智行把所有能力做成了一个新的合作模型 6P，从代码到整体解决方案都可以开放给行业合作伙伴，助力产业更快更稳地进步。

芯驰科技董事长

张　强

四芯合一　拥抱中央计算

随着汽车电动化、智能化进程加快，汽车电子电气架构的发展也在加速。

芯驰科技推出了全场景智能车用芯片，包含舱之芯 X9 用于智能座舱，驾之芯 V9 用于 ADAS 智能驾驶，控之芯 E3 用于高功能安全性域控制，网之芯 G9 用于中央网关和服务型网关系统。四芯合一，全面提高车辆的智能化水平，使汽车智能化均衡发展同步进行。

在中央计算方面，我们提供一个高性能中央计算单元（Center Computing Unit），作为未来汽车的大脑，实现智能座舱、自动驾驶、整车车身控制，并提供高速网络交互和存储共享服务等功能；提供一个高可靠智能车控单元（Vehicle HPC），作为底盘域 + 动力域的集成控制器，实现底盘和动力系统的融合和智能操控；提供四个区域控制器（Zonal Control Unit），实现在车内四个物理区域内的数据交互和各项控制功能。上述六个核心单元之间采用 10 吉比特 / 每秒 1 吉比特高性能车载以太网实现互联，并采用冗余架构，既能确保低延迟高流量的数据交换，又能确保安全性。

在这些高功能安全和高性能产品的支撑下，芯驰与合作伙伴，包括一级供应商合作，给整车企业提供全栈式解决方案，解决整车设计中需要大量研发投入的问题，以及提供性能提高和通信模块开发平台的解决方案。

芯驰推出的第二代中央计算架构 SCCA 2.0，这一原型方案为汽车行业提供 One-BOX 高性能中央计算平台，包含 X9 智能座舱芯片、V9 智能驾驶芯片和 G9 中央网关芯片，以及高性能、高功能安全（ASIL D 级别[⊖]和 AEC-Q100 Grade 1[⊜]）的 MCU 系列 E3 芯片。

芯片是一个硬件底座，是软件定义汽车所必需的性能和安全性的提供者。以上这些芯片产品配合芯驰 200 多家合作伙伴的软件、算法、协议栈、操作系统等，最终实现对中央计算架构的支撑，实现智能化和电动化发展。

中央计算还需要车规级全栈软件支持，包括底层的 Hypervisor 和系统级的 Security、中间件，以及上层的应用软件。在生态合作方面，芯驰科技与东软睿驰、中兴通讯联合打造了车控平台解决方案，针对数字化转型下的新型集中式电子电气架构，提供对开发者更友好、适配度更高的广义车控系统及基础软硬件底座；芯驰还与普华合作打造了基于芯驰 E3 系列高端车用 MCU 芯片的全套 Classic AUTOSAR[⊜]解决方案；与 Vector、ETAS、EB 等国内外领先的企业一起打造生态合作，支持 AUTOSAR 落地。

量产是检验芯片公司成功与否的唯一标准，因为只有量产，才能从技术设计、产品、应用、软件、技术支持、质量、供应等各方面验证芯片公司的能力和水平。

在过去几年，芯驰积累了 260 多家客户，拥有近 200 个定点和量产项目、超过百万片的出货量，覆盖国内 90% 以上主机厂及部分国际主流汽车企业，包括上汽、奇瑞、长安、东风、一汽、日产、本田、大众等。

⊖ ASIL 为汽车安全完整性等级，包括 A~D 四个等级。
⊜ AEC-Q100 为美国汽车电子协会（AEC）制定的汽车电子系统测试标准，包括 Grade 0~Grade 3 四个等级。
⊜ AUTOSAR 为汽车开放系统架构，Classic AUTOSAR 为早期版本的 AUTOSAR 标准。

地平线总裁
陈黎明

用户价值引领汽车智能化方向

智能驾驶从技术主导向用户为中心转变。

首先是技术路线转换，基于过去十年自动驾驶的演进过程，直接进攻L4级自动驾驶极有挑战。从2022年起，一些研发L4级自动驾驶的科技公司开始降维到L2++级发展，以尽快实现商业闭环。

其次，用户价值驱动汽车开发。据报告，在消费者对智能驾驶汽车的关注上，减轻驾驶疲劳，同时解放双手、保证行车安全和驾驶更轻松成为选车首选项。智能驾驶的装配率显著提升，2022年比2021年增长了10个百分点，预估到2025年达到约75%的装配率。

终端消费者对智能驾驶的认知在不断提高。媒体评测结论也显示，高速导航辅助驾驶（NOA）功能正在从可用到好用，这对NOA的发展有很大推动作用。预测2023年和2024年，NOA将会大爆发和持续增长。

智能驾驶仍面临诸多行业挑战。虽然有很多传感器、域控制器等投资布局，算力也在增加，但是客户体验没有呈线性增加。原来基于规则的开发方式，当系统变得更复杂时，在效率和开发周期上难以支持研发需求。终端用户对车的理解也在向消费电子产品转变，这对车辆的性能、功能和体验提出更高要求。

数据闭环加速提升用户体验。通过数据闭环驱动软件持续改进，可以不断提高学习能力和打磨客户体验。通过软件数据驱动的开发方式，可以提高研发效率，在开发过程中不断提升产品性能和客户体验，同时增加产品的品牌力。

软硬协同和软硬分离提高开发效率。一方面整体提供高效的开发底座，使应用端保证应用软件的快速迭代，特别是芯片与基础软件、中间件包括算子进行深度的软硬协同，同时在应用层分离，使主机厂能运行在不同平台。另一方面，统一的模型，从感知、建模到轨迹预测是一个大模型，端到端实现性能提升，可以对研发提供很大帮助。

基于以上观察和挑战，地平线的征程系列在性能和适应性上很好地满足了研发需要。地平线始终秉持开放共赢的理念，已经与 20 多家主机厂和 100 多家行业伙伴展开合作。

03

构建新一代汽车操作系统产业协作新生态

中国工程院院士

张 亚 勤

开放平台赋能自动驾驶共建共享

自动驾驶是推动全球汽车工业变革最重要的技术力量。当下，无人驾驶已经在中国复杂的城市道路取得一些突破，北京、武汉、重庆、上海等城市陆续开启了全无人车，即"无人无人车"的测试和运营。

"无人无人车"是车里没有安全员的车。在武汉，Apollo 已经有超过 100 辆无人车为市民提供出行服务，覆盖 530 平方千米和 150 万人口，其中，"无人无人车"的订单超过 4 成。在北京亦庄，自动驾驶出行服务的订单量已经占到区域内网约车的 15%。实践证明，自动驾驶技术已经基本完备。我判断，目前无人车的安全水平已经超过人类驾驶。未来，无人车将成为出租车、网约车之后的全新出行选择。

近期，谷歌的 Waymo、通用的 Cruise 正大力推动美国联邦和州政府的政策支持，加速无人车商业化的进程。我呼吁，在国内需要通过持续的机制创新和政策扶持给予科技企业更加宽松的创新环境，有效解决无人车不能入市、不能上牌、不能去掉安全员、不能运营收费、事故责任难以认定的难点和困局。

同时，在开放平台的打造上，清华大学智能产业研究院（AIR）于 2022 年 2 月发布了全球首个车路协同自动驾驶数据集 DAIR-V2X，为学界和产业界提供了数据基础、算法模型，共同解决车路协同领域的技术问题，构建产业生态。

2022 年 8 月，在北京市高级别自动驾驶示范区的支持下，中国汽车工程学会、清华大学智能产业研究院、百度公司、北京车网科技发展有限公司等多家单位联合发布了全球首个开源开放的智能网联路侧单元操作系统"智路 OS"。依托"智路 OS"做好数字底座，连接产业链的上下游企业，实现行业打通数据、支撑服务、能力共享，解决重复投资建设问题，目前已经有 50 多位生态合作伙伴。

2017 年，百度 Apollo 平台对外开放。6 年来，Apollo 平台经历了多个版本的迭代和更新，现在已经是 8.0 版本，已成长为全球最活跃的自动驾驶开放平台。除了底层的核心操作系统之外，Apollo 平台还积累了 70 余万行开源代码、来自全球 165 个国家超过 220 家的合作伙伴和 10 万个开发者。作为 Apollo 理事会的理事长，我再次呼吁大家更加积极地参与 Apollo 平台，共同建设这个开源、大规模，拥有丰富数据、场景和能力的由中国自主打造的开放平台。

阿里巴巴集团副总裁、
斑马智行 CEO

张春晖

建设汽车操作系统产业开放合作新生态

规模巨大、创新活跃的国内市场为操作系统发展提供了良好环境，未来 3~5 年是我国汽车操作系统发展的战略窗口期。

阿里斑马在汽车领域耕耘 8 年，写过超 2 亿行代码，落地 300 多万辆车，虽然起步最早，但市场份额仍较小。2022 年，国产自主车载操作系统市场渗透率仅有 5.2%，斑马过去 3 年翻番发展，但目前来看市场份额仍然偏低，未跨过 16% 的临界点。这需要自主操作系统企业通过新技术、新体验获得更多汽车企业客户和消费者认可，也需要政策引导和市场联合驱动发力，加快发展进度，利用好窗口期。

打造智能网联汽车生态。

新能源汽车需要新生态，需要打造技术生态、应用开发者生态和服务生态。面向未来庞大的应用场景，企业需要也值得拥有自己的生态。现在大部分生态还是基于安卓，而且还是中国版的安卓。基于安卓建立生态，甚至平移手机生态，会带来严重的同质化竞争，也存在一定安全性、稳定性风险。我们希望发展汽车原生态，发展同时面向用户需求和产业发展方向的自主生态。今天已经具备这样的时间条件和市场机遇。

构建开放合作的产业协作机制。

一方面，汽车操作系统需要分层解耦，底层是基础系统，以内核和虚拟化机制为核心；中间层涉及数据通信、AP/CP 等中间件；顶层是功能软件和应用软件。

每一层业内都有一些企业布局，也都有各自的重点，大家通过分层协作真正实现开放协同。

另一方面，面向未来，芯片和操作系统应该进行战略协同，支撑 AI 发展，实现产业整体升级；操作系统和 AI 开放协作，满足汽车场景需求；最后通过政策引导结合市场驱动力，以结对子形式推动产业落地。

普华基础软件股份有限公司
董事、总经理

刘宏倩

从根构建新一代汽车操作系统

随着算力的普及，操作系统在持续演进，覆盖了多领域、多场景。按照不同的应用场景，下面将操作系统分为四类。

第一类是面向控制的操作系统，主要应用在工控领域，具有强实时、高安全、高可靠的特性。

第二类是面向人机交互的操作系统，以图形界面为主，实现图形界面人与机器的交互，如手机操作系统。

第三类是面向计算的操作系统，要求具有高吞吐量、高并发等性能，主要应用在高性能计算机上，如大型机、超级计算机、小型机及 PC 服务器。

第四类是面向人工智能的操作系统，它主要服务于人工智能的智能模型，目前仍在探索。

不同类型的操作系统面向不同领域、不同行业提供不同技术与服务，而智能网联车用操作系统是已知四类操作系统的整合体。车用系统包括以下三大核心域。

一是安全车控域。安全是核心需求，主要使用面向控制的操作系统。

二是智能座舱域。智能座舱域包括承载娱乐、高精度地图等应用的面向人机交互的操作系统，以及用于仪表等，需要具备高安全、强实时的面向控制的操作系统。

三是智能驾驶域。操作系统主要运行在片上系统（SoC）及 AI 芯片上，主流方案是双内核，但在全球范围内，目前仍处于发展初期。

新一代车用操作系统是满足 L3 及以上等级自动驾驶需求的智能驾驶操作系

统，需要操作系统能够满足高安全、强实时、高可靠的特性，并同时满足智能汽车对高算力芯片、OTA、云端系统与路侧设备通信、应用程序的动态部署。

智能驾驶操作系统是中国汽车产业"缺芯少魂"之痛的关键，全球范围内都处于探索期，产品尚未成熟，生态尚未完备，可能存在多种发展路径。为什么要从根技术开始，发展新一代车用操作系统？

内核是决定操作系统性能和稳定性的核心。内核负责管理系统的进程、内存、设备驱动程序、文件和网络系统，它决定着操作系统的性能和稳定性，是根技术。目前行业内有宏内核、微内核以及混合内核三条技术路线。

宏内核，优势是高性能，但同时耦合度高，安全性与可扩展性不强。

微内核，优点是高安全、高可靠，但缺少生态，不满足高性能。

混合内核，本质上是基于微内核路线进行的创新，将一部分与性能相关的模块放到内核中，通过内核的进程以及系统服务，组建成混合内核，解决高安全和高性能的问题。

普华基础软件一直在探索基于微内核的混合内核技术，微内核、基础服务与系统服务共同组成操作系统的核心部分，这是我们认为实现 ASIL D 车规级功能安全标准的最优技术路线。

操作系统是一个庞大的系统工程，开发难度大、周期长、成本高，生态建设缓慢，需要长期投入、不断迭代，更需要开放创新、共建共享。借鉴 Linux 30 年的发展经验，通过开源模式，它已经成为人类在信息技术时代的智慧结晶，从代码贡献量、提交次数、协作开发者人数以及文件数量来看，都远超单个软件项目或者产品。

面向智能时代，汽车产业正在成为新一代科技革命和产业变革的先导性产业。人工智能、大数据、云计算等新一代信息通信技术纷纷将汽车产业作为最佳的应用和实践场景。我们希望以新一代车用操作系统的根技术作为种子，为构建智能时代的新的人类智慧结晶贡献中国力量。

中兴通讯副总裁、
汽车电子总经理

古永承

立足 ICT 硬实力　共谋数智汽车新生长

新能源汽车行业与 ICT 融合发展有新变化。

一是以用户为中心。手机的降价、机海战术、芯片等问题都在新能源汽车上发生着。借鉴中国智能手机的发展过程，关注消费者需求的智能手机合作伙伴才能够生存。

二是在自主研发的基础上，满足新生代消费的一系列极致要求。不断投入自主研发是智能手机产业胜者为王的道理。新的新能源汽车还面临新生代的消费需求，即更注重体验感、个性化和智能化，对未来的数智汽车提出一系列极致的要求，涉及体验、成本、安全和供应链。

三是数据。最近党中央在各场合强调数据运营，从"东数西算"，到新能源汽车作为中国数字经济的产业重点之一，数智汽车在智能出行、智能停车和车载游戏等方面形成新的业态。这对 ICT 的运用提出高算力、高运力、高能效和高安全需求。打造数智汽车的底座对整个 ICT 企业融合提出更高要求。

探索产业分工协作的新范式。

一是主机厂与 ICT 产业融合赋能。在传统领域，芯片或操作系统是由一级供应商进行选择的。但是在新能源汽车供应链中，主机厂开始关注整个新能源汽车路线的发展路径，包括核心芯片、底层操作系统和关键解决方案，也成立自己的研究院、专属的子公司或与产业合作伙伴共同发展。主机厂间想彼此形成差异化竞争，掌握每一款车的"流量密码"。所以，整个产业链中，主机厂向下，基础供应商向上，共同构建新的发展模式。

二是夯实技术基础。从各个价值链的分工来看，主机厂更聚焦应用、算法和整车设计；基础软件厂商专注整体基础能力建设。以前中国每一个主机厂有很多车型和平台，频繁地更换平台和软件会花费很多经验和精力解决重复出现的问题。主机厂更重视底层芯片和操作系统；在供应链安全上，国家也鼓励扎实做好国产自主的芯片和操作系统。

三是打造"国产软+国产芯"范式。操作系统厂商和国产芯片公司共同打造坚实底座。在新的架构上实现应用软件跨平台、功能软件与操作系统解耦、操作系统与芯片解耦，构建一种实现白盒化的硬件和软件开放的新生态，保证产品的积累越来越扎实，围绕消费者的应用越来越好。

构建开放、共享、共建的国产操作系统联盟。行业内企业聚焦量产上车和深度合作，由主机厂牵头，芯片厂商和软件厂商共同打造国产操作系统联盟。

主机厂导向产品开发，打造最"懂行"的产品和方案，设计全网解决方案；软件厂商作为中间层解决方案商，打造白盒开放和软硬解耦方案，做到量产为先；基础能力服务商打造基础底座。通过共同成长构建更多的合作模式。

东软睿驰汽车技术（上海）
有限公司总经理
曹　斌

构建广义汽车操作系统新生态

操作系统成为中国汽车发展新基石。中国整个产业对操作系统有很多情怀，在工业、技术和产品领域有很多突破，也有很多优秀企业。但是在几次信息化变革中，还没有出现一个相对具有主导位置且成功的操作系统。

随着汽车智能化的发展，本土操作系统迎来新的发展机遇。一定程度上说，汽车操作系统是中国快速发展智能汽车的胜负关键，是中国智能汽车发展的新基石。

操作系统的本质是为应用开发创造一个合适的环境。成功的操作系统，大都是在产业变革时期，优先解决应用开发的难题，从而在短时间内被广泛使用，确立领先优势。例如，UNIX 解决了在处理器上开发可以同时运行的应用问题，奠定了后来包括 Linux 以及苹果 Mac OS 等一系列领先操作系统的基础；Win32 应用程序接口（API）解决了在个人计算机上图形化编程的问题，使得图形化界面的应用得以蓬勃发展，从而奠定了 Windows 在 PC 领域的领先地位。

·旦多数应用选择一款操作系统或一个应用开发模式时，这种应用产生的生态作用就会进一步加强其主导作用，进入正向循环。

手机操作系统在特定时期的发展路径也存在差异。华为发布鸿蒙操作系统，需要考虑兼容安卓（Android）生态，才有可能在产业里存在和生存。否则，没有应用的操作系统，即使技术再好，也没有存在的价值。所以，操作系统的形态有历史某个阶段的窗口属性，不是技术非常优秀就能成功。

总结历史规律可以发现，操作系统发展壮大的路径基本是新的巨大产业课题出现→解决问题的新开发框架出现→大量基于该框架的应用涌现→生态力量推动新框架操作系统确立主导地位。

中国汽车产业走在行业前面，产业变革问题有可能最先出现在中国，这是千载难逢的机会。中国汽车操作系统要广义与狭义并重，大力发展应用框架，围绕此应用框架衍生应用，互相增强促进，推动形成生态体系。

在发展新应用框架下的广义操作系统的同时，汽车产业也需要积极推进基础模块的本土化替代，如符合汽车功能安全需求的微内核操作系统（狭义操作系统）、AUTOSAR 中间件等，并通过对新应用框架的良好适配，获得快速发展的机会。

面向智能新能源汽车的自主知识产权的汽车操作系统平台——NeuSAR 通过与诸多本土芯片、微内核企业的共同协作，不断地发展壮大，积极推动生态系统的发展。

东软睿驰在工业和信息化部的指导下，联合 20 余家汽车企业与产业链上下游企业共同成立中国汽车基础软件生态委员会（AUTOSEMO），并担任首届主席单位，提出 ASF（AUTOSEMO Service Framework）应用框架技术规范。NeuSAR 在此基础上，推出 NeuSAR SF 消息总线，支持自动驾驶服务的开发、多个自动驾驶算法整合的开发，以及其他工具链的整合。

随着中国汽车产业在智能化创新方面的不断发展，能够真正解决产业变革中的软件开发难题的新的应用框架一定能够创造出新的汽车软件 / 硬件生态，与行业伙伴共同推动中国操作系统内核以及芯片的发展壮大，合力打造开源开放的智能驾驶操作系统。

推进中国汽车
产业现代化

1953   1959   1969   1979

01　重视数据在数字化转型中的价值及数据安全

02　数字化是应对汽车产业新竞争格局的抓手

03　车路城协同发展加快汽车产业转型升级

第六篇
汽车产业数字化发展趋势

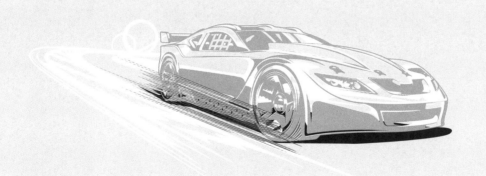

01

重视数据在数字化转型中
的价值及数据安全

华南理工大学机械与
汽车工程学院院长

李巍华

数据促进汽车制造与服务融合

数据已经成为生产要素，大数据背后蕴含的知识将为汽车产业数字化发展提供一种潜在路径。规划设计、生产制造、售后服务等各阶段数据的融合，能够支撑汽车企业由制造商向运营服务商转变，以"数字＋制造""数字＋服务"实现制造业向服务业延伸以及服务业向制造端拓展。另外，通过挖掘制造、服务过程中的多元服务信息，汽车企业能够提供个性化定制服务，形成贯通多环节应用场景的汽车产业新生态。

数据赋能汽车产业具有良好的条件。

第一，具有数据基础。现代汽车产业的工业互联网自动化程度非常高，代表了最高的制造自动化水平。

第二，具有信息化支撑。大数据、云计算技术的普及，给多元异构数据处理、数据隐私保护、数据安全治理提供了技术手段。

第三，具有政策支持。我国大力发展智能网联和新能源汽车产业，通过构建数据贯通的汽车制造服务融合新模式，能提高生产效率、提升汽车品质，以实现数据增值。

汽车制造业主要包括设计研发、生产制造和运行维护三大环节，各环节所涉及的数据量都极为巨大。

设计研发环节，包括各种仿真数据、技术文件及市场调研数据，用于制订研发计划、开展成本评估、进行概念及工程设计等，并前馈于汽车生产制造环节。

生产制造环节汇集了物料采购、整车质检、试验等数据，用于改善供应链、开展零配件加工及整车装配、优化工艺流程等。

运行维护环节包括故障数据、维修数据、保险数据等后续维修相关数据，用于监控车辆运行状态、优化交通资源配置、开展故障诊断与产品维护等。

此外，对于新能源汽车，汽车企业还能够获得出厂车辆的行驶轨迹、电池状态、车辆运行状态等数据，数据来源会更广泛。

汽车企业可以利用这些数据形成智能运营维护小闭环与智能运营维护、设计制造大闭环。

一是产品创新升级，通过制造与服务融合，精准分析产品设计可行性，加速设计流程，进而提高研发效率，还能精准把控用户需求，提升用户满意度。

二是制造增值，帮助汽车企业优化整个生产线，保证规模化、个性化生产。除汽车制造外，汽车企业还可以提供更多的增值服务，包括智能维护和保养提醒、驾驶员行为监测、个性化智能驾驶服务等。

三是以汽车运行数据回馈维护服务，形成兼顾汽车备件预测性规划、备件库存管理、再制造备件管控的维护服务体系。

蔚来汽车数字安全副总裁
卢　龙

汽车数据安全合规手段的智能化演进及挑战

数据是智能汽车核心的生产要素，从个人数据安全、国家安全角度看，合规和安全是底线，是为发展保驾护航的因素，更是企业核心技术竞争力的体现。

企业高效、全面的数字化合规是技术和管理层面竞争力的体现。一套智能合规的体系能够从早期产品研发、设计、生产到后期销售、维修等整个产品生命周期全过程，利用技术手段做到车上车下数据流的相对自动化合规，极大提升数据利用率和效率，而不是依靠人力冗长的流程。

目前汽车数据安全合规主要面临成本投入、场景复杂、缺乏落地指导等挑战。

第一，全球化数据安全与合规的成本问题。合规成本总体包括技术层面、管理层面等投入，不论是从国内数据出境到国外，还是在欧洲、美国分支机构企业的数据从境外回传到国内总部，都需要满足国家相关法律法规的规定。

第二，智能网联汽车与数据相关的场景多样，且数据链条和产业链条复杂，这对使用数据和数据流动的安全与合规提出了很高要求。

第三，国内汽车数据安全相关法律法规制定已经处于比较靠前的位置，但如何进一步完善相关法律法规促进行业发展，仍需进一步探讨。

为解决以上问题，需要用智能化的思路构建全新的数据安全合规体系，通过技术的突破创新实现合规场景的标准化，并能够灵活地采用不同的数据安全技术，保障全链条的数据安全合规。

针对未来的挑战，建议如下。

一是数据作为自动驾驶技术发展的核心，需加速高精度地图数据资质的申请流程，当前欧洲也在关注相关立法。

二是数据更灵活、有序地流动才能实现汽车数据价值，赋能产业发展，后续需健全汽车数据共享的法律法规。

三是汽车数据分类分级未达成共识，需进一步明确汽车数据分级分类的标准，结合具体场景按照风险等级实施安全防护。

立得空间信息技术股份
有限公司 CEO
郭　晟

高精度惯导能为高级别自动驾驶提供安全保障

立得空间是中国街景车辆和街景地图的发明者，是第一个在车辆上安装摄像头、激光雷达来进行测绘的公司，2006 年开始做街景地图业务。今天，我谈一谈移动测量和车规级惯性导航系统（简称惯导）两个产品在自动驾驶中的作用。

移动测量的核心技术是惯性组合导航，立得空间成功攻克了这一"卡脖子"技术，惯性组合装置的姿态精度达到千分之一度和万分之三度的国际最高水平，先后获得国家科学技术进步二等奖和一等奖。由立得空间运营的车联网时空大数据平台管理着数百万辆汽车。

移动测量和自动驾驶的感知层类似，都装有相同的传感器，不同的是移动测量传感器是高端的，价格高达几万元甚至几十万元，获得感知目标的坐标和位置非常精确，在 L4 级自动驾驶出租车（Robotaxi）上容易实现。但目前 L3 级自动驾驶配置的摄像头、激光雷达、惯导传感器还是低端的，获得的坐标和位置不够精确，实现自动驾驶还比较困难。

目前业内看衰高精度地图的看法，我并不赞成。L3 以下级别自动驾驶可能不需要高精度地图，但 L3 以上级别，例如北京 700 万辆汽车要实现无人驾驶，就不能离开高精度地图。

立得空间的移动测量车尺寸很小，装载着几百万元的摄像头和惯性导航系统，广泛用于外业采集，采集包括激光点云数据和停车场目标影像数据等，能实现任何停车场自动代客泊车（AVP）高精度地图数据的自动采集。通过即时定位与地图构建（SLAM）算法和惯导里程数据组合，制作出 AVP 语义特征地图。依据 AVP 地图能够在大型停车场内实现自动泊车，达到 90% 以上自动化水平，可以一键让你的车停在地下三层停车场，也可以一键呼唤它上来接你。立得空间分析了国内 200 多个停车场，生产出高精度地图数据成果，地图的精度达到 15 厘米水平，即达到大部分驾驶员精准停车的水平。

据权威机构统计，L3 级以上自动驾驶车辆 46% 的事故来自定位异常。L3 级自动驾驶车辆脱离方向盘进入无人驾驶状态后，要应对高速、地下车库、城市峡谷、隧道等复杂场景，需要一种精准定位装置，就是惯性组合导航装置才能保证行驶安全。

汽车定位有四种方式：GPS 或北斗卫星定位、惯性定位、相机 AI 定位和激光雷达定位。在不同场景中有些传感器不适应，比如西部戈壁滩上没有明显标志的漫长道路，激光定位就不准确；在光线变化的时候，摄像机、摄像头的定位也会不准确；穿越隧道的时候，卫星定位也会失效。在这些场景下，唯有惯性定位能够准确输出真值。

为什么 L3 级自动驾驶很难推向市场？因为现在的自动驾驶只用了 AI 一套算法，就是用非线性方程去趋近一个汽车驾驶的形态，或者趋近一个真值，但是这种概率原理无法满足汽车安全冗余的需要。而车规级惯导不仅可以提供位置、姿态，还可以提供速度和加速度数据，为更安全、更舒适的驾驶提供准确参数。

立得空间选择两款惯导做过试验，一款是常用的 0.1 度航向角的惯导，也是当前一些汽车企业使用的惯导；另一款是 0.05 度航向角的高精度惯导。试验数据对比表明，对于 100 米以上的目标，低精度惯导的相对精度能达到 30 厘米，高精度惯导在 20 厘米以内。对于零偏稳定性来说，低精度惯导在行驶 110 秒时偏离车道，高精度惯导还保持在车道内，3 分钟时接近于偏离车道。

　　用这么高精度的惯导成本会不会增加？答案是肯定的。但经测算我们发现，量产 20 万套以上时，高精度惯导的成本可以降到 2000 元左右；量产 50 万套时，成本为 1000 元左右。立得空间与比亚迪等厂商合作，已经有小批量高精度惯导投产试用。

数字化是应对汽车产业
新竞争格局的抓手

美云智数科技有限公司 CEO

余海峰

数字化转型是汽车价值体系重塑的主要抓手

供给侧改革不足与消费者定制化需求之间的矛盾，是中国汽车行业发展的主要矛盾。

一方面，上游供给侧不确定性逐渐上升，汽车行业产业供应链逻辑转向安全和韧性。

另一方面，下游用户对汽车消费需求和审美的理解存在不同程度的提升，更加要求车辆的定制化和个性化，迫使汽车企业由围绕产品向围绕用户转变。同时，我国智慧交通体系变局正在酝酿，汽车企业将不同程度地成为变革的助推者。

在此趋势下，在不确定性加剧的环境中获取确定性生存空间和可持续性竞争力成为汽车行业的必修课，一场深入而持久的价值链重塑就此展开。

数字化转型成为应对价值体系全面重塑的主要抓手。价值体系的重塑漫长且艰辛，把控成本、效率和韧性之间的平衡，成为汽车行业思考未来道路需纳入的核心因素。自主品牌、合资品牌和新势力品牌纷纷在数字化上加大投入，通过智能制造、工业互联网、数字孪生、协同研发等方式，对核心业务、产品和服务进行变革，不断提高企业竞争优势和生存空间。

汽车行业数字化转型的底层逻辑，是在产业内部价值体系发生深刻变革和产业外部环境不确定性加剧的情况下，为提升自身核心竞争力，维持可持续高增长的系统性业务变革。目前汽车企业难以通过传统方式保持增长，市场压力倒逼企业利用协同研发平台、智能工厂、数字营销工具等进行数字化转型，打破原有孤立的价值体系和内部横向沟通的壁垒，实现研发、生产、营销、运营的全面变革，以满足日益变化的用户需求。

　　研发环节的核心问题，是传统研发流程冗长，难以适应敏捷的设计开发要求。需以全流程协同缩短研发决策链，以缩短研发周期。从顶层规划开始，盘整现有系统，从而带动业务流和数据流的统一，实现研发流程的协同性变革。

　　生产环节的核心问题，是传统大批量生产方式难以满足消费者的定制化需求。需增强柔性化程度，更加关注数据透明、决策敏捷、设备智能、流程高效，实现生产过程的非预见性自我调整，以此提升柔性化生产能力，降低生产过程中的不确定性，从而满足消费者定制化需求。

　　营销环节的核心问题，是漏斗式营销过于关注投放转化，而忽视用户体验和客户粘性培养。需注重利用数字工具提升用户全生命周期的服务和体验，客户体验的提升和忠诚度培养或将成为存量时代下企业的核心竞争力。

　　运营环节的核心问题，是平台架构难以支持数字业务的全部流程和数据分析。需建立从物理空间到数字空间，以数据作为核心资产、以服务客户为关键驱动的企业级端到端决策平台。

星星充电云业务 CEO

王　迪

数字化技术提高充电设施资产运营效率

当前,充电运营已经从过去的1.0基础运营,逐渐进入2.0场景化运营。实现"双碳"目标,推动充电基础设施网络发挥更大价值,提升设施利用率,需要充电设施运营达到3.0智慧运营阶段。综合来讲,基础设施运营会从单纯地以硬件改善和提升为主,逐渐转向加强利用大数据和人工智能技术,在充电网全生命周期的规划、运营、运营维护、综合能源发展等方面实现一站式解决方案,即利用数字化技术实现全视角优化,而不是单一阶段或者独立步骤的优化。

但不可否认的是,首先,在未来相当长的时间内,充电网络的投资建设和增长仍然是一个课题。如何在一个城市有效地部署充电基础设施网络,如在一些设施建设相对饱和的大城市、在土地和电力资源相对紧张的中心城区以及在县区级新兴地区,充电网络的规划都需要因地制宜。这就需要通过智能投资建设选址系统,基于大数据平台,综合车辆、竞争、效率等多重热点数据,通过用户充电便利性最优化模型等核心算法,实现充电站智能选址和网络规划。

进入运营阶段,首先需要通过设备层(桩端)、平台层(云端)以及大数据层(模型)的三重预警和防护系统,守住在充电运营过程中"安全"这个基本底线。在保证安全的基础上,再通过设施的高效运营,提高资产的回报率。这一过程,首先要对场站进行经营规划,通过大数据模型,针对不同场景和类型的充电场站建立不同洞察维度的诊断模型,不仅帮助运营商看到数据结果,还能洞察根本原因,并找到精准提升的运营增长路径。在经营过程中,面对激烈的市场竞争,可以通过智慧定价系统,通过海量数据的挖掘分析,利用大数据、智能算法构建场站运营诊断模型，针对充电站的盈利能力、充电量趋势、用户情况、设备情况进行全方位的诊断并提供预警与建议，杜绝低效运营，避免运营资源的浪费。

在运营维护方面，通过智能运营维护系统，基于指标数据监控、异常数据分析等手段，通过运营维护系统处理，实现自动派单、工单进度监督等，可以极大地提高充电基础设施的运营维护效率。此外，基于大数据，通过主动干预等措施，可以有效降低设备的故障概率，也可以极大地提高充电基础设施的经营效率。

03

车路城协同发展加快
汽车产业转型升级

中国电动汽车百人会
副理事长兼秘书长
张永伟

车路城协同的中国方案与双智[○] 3.0

第一，明确车路城协同中国方案与双智 3.0 的内涵。

近两年，在住房和城乡建设部、工业和信息化部等多部门的支持下，双智协同发展取得了很大进展。随着城市越来越多地参与到汽车、道路的发展建设中，车路城协同发展的趋势愈发明确。因此，建议对"车路协同"进行科技升级，推动双智建设进入 3.0 时代。

双智 3.0 的核心是"车－路－城"三位一体的协同方案。作为一个新的系统，车城路协同已经超出车、路的边界，要将汽车、城市、道路等方面同轨运行的功能融合在一起，形成涵盖技术路线、道路建设、应用场景、法规体系、产业体系、标准体系等诸多内容的系统性工程。

第二，以低成本为原则，分级分步建设智能化道路。

双智 3.0 最关键的因素是如何建设智能化道路。在以往的实验阶段，道路建设付出了很多成本，也积累了不少经验，这样的探索是有价值的。目前，双智建设已进入小规模推广阶段，道路建设也应从探索实验转向以应用和需求为主导，更加注重经济性。所以，未来双智 3.0 的城市智能化道路建设应以低成本为原则，避免出现"高投入、少服务"和资源浪费。

建设低成本的智能化道路要采取分级分步的模式。首先要分级，在需求特征、复杂性特征并不明显的道路两侧，应以更低成本的建设为原则。对需求复杂性偏高的，比如道路路口，可以建设中高等级的道路，但是尽量减少"一步到位"的

○ 双智指智慧城市基础设施与智能网联汽车协同发展。

高等级建设。其次要分步，道路建设要采取"沿途下蛋"、不断补充功能的动态建设模式，而不是土木建设"一步到位"的交付原则。所以，建设智能化道路，低成本是基本原则，另外就是采取分级分步的建设模式。

第三，车路城协同中国方案应用场景更加全面。

车路城协同中国方案一定要融合车、路、城三个领域的多场景应用，尤其是要增加城市端的应用场景，才能体现出多方面的价值。与以往仅为智能驾驶汽车提供服务不同，双智 3.0 要更多地转向为城市交通、管理服务，甚至为城市服务的优先级要高于自动驾驶汽车，这样才能让车、路、城的应用更加丰富、有效。

第四，车路城协同是单车智能的进阶补充。

以往无论是车联网还是自动驾驶，智能网联技术路线都希望通过外部来控制汽车，所以有了云控的概念。现在看来，单车智能发展速度非常快，因此在车、路、城的关系中，我们提出不希望用车路城的外部方案去控制车辆，不建议过度使用车路城的功能配置替代单车智能，也不鼓励在车的需求尚未充分释放时超前建设智能化基础设施。"不控车""不替代单车智能""不超前建设基础设施"，这样就较好地处理了车、路、城之间的关系，进一步调动汽车企业参与的积极性。

第五，加速探索可闭环的投资建设运营模式。

探索车路城一体化的投资建设和应用模式，总体上还是要秉承各自分担的原则。政府需要承担一些基本的基建范畴的工作，智能化设施则由市场化投资主导，在区分投资边界的基础上引入更多的市场化主体，比如车、路、城中的能源设施，目前已经具备以市场化为主的投、建、运模式，通信、感知领域也已具备准市场的模式。很多企业也希望抓住机会，成为投、建、运综合发展的新型市场主体，这将有助于解决投资建设模式问题。

第六，加速推动标准化工作，实现跨区域共建互认。

应加快形成统一的标准化成果，不同城市、研究机构之间要加强交流沟通，协同开展双智标准化建设工作；及时推动已形成的标准化成果在城市间实施与推广，逐步实现更大区域范围内的互联互通。同时，坚持"急用先行"原则，分阶段推动标准化工作。现阶段，遴选1~3年内急需制定的标准条目，尤其在车路城协同定义、智能网联道路分级、智能化基础设施建设及车城网平台建设等领域，优先立项相关标准。下一阶段，要坚持应用驱动、统筹引领、动态修订，依照车路城协同技术迭代及场景落地需求，遵循系统性原则依次制定相关标准。

国家智能交通系统工程技术
研究中心首席科学家

王笑京

车路协同的可持续发展

今天我想讨论的第一个话题，是高质量发展以及可持续的交通包括一系列新发展理念，应有完整的顶层设计。

一是要完整、准确、全面地贯彻新发展理念，须注意单项技术在城市应用将涉及多方面问题，一项技术应用无法全面代表创新发展和高质量发展。

二是从可持续发展的角度看，联合国发布的《动员起来，为了发展的可持续交通》（*Mobilizing Sustainable Transport for Development*）报告中，对可持续交通的表述包括安全、能负担、便利、高效、有弹性、低碳和环境友好等方面，而目前国内讨论的车路协同很少从可持续发展的角度来设计其功能。至于智慧城市建设，应能够为老百姓在衣食住行及健康方面提供更好的服务，这就需要在实际应用中寻找落脚点和突破点，物流配送就是一个例子。

三是智能化技术是高质量发展和交通可持续发展的重要支撑。依据联合国报告，应从基础设施创新、集成应用、智能化、投资综合方面应对客户需求，如果仅考虑技术和应用装备，其顶层设计和标准体系不解决根本问题。

四是要从交通本质出发考虑数字化和智能化的顶层设计，明确智能化在交通中的能和不能。智能化不是万能的，它能改进安全，但不能解决本质安全问题；它可以改进效率、服务和管理，但不能解决物理上的供给和需求间的矛盾。比如通过电商购物，货物交付必须是实体的东西，智能化能提高配送效率，但它不能解决物理移动和交付问题。

我们还要看到城际交通和城市交通的基本特性，包括交通基础设施和载运工具物理尺寸巨大、速度有限制、人和物不可能压缩和分解等。这与通信传输和信号处理存在本质区别，即使有5G通信环境，先进的通信只是提高交通效率的工具，并不能解决物质移动。

因此，现阶段要从交通本质出发，重点解决当前的现实需求。

我们应把70%~80%的精力和创新用来解决当前的问题。例如，用智能网联汽车、现代通信技术、现代物流技术解决物流效率和配送问题。

要用数字化改进道路交通管理和服务。目前老百姓在智能网联汽车和车路协同应用中体验并不好，是否应借鉴网约车和外卖配送经验？这两个体系的体验模式和考核指标与以前的交通系统完全不一样，所以我们需要转变衡量未来智能网联汽车和车路协同的指标和体验模式。

第二个想讨论的话题是谈谈国内外对智能交通发展的思考和调整。

一方面从智能交通世界大会看对智能交通发展的思考。2022年在洛杉矶举办的第28届智能交通世界大会涉及7个关注专题，这7个方面可以反映当前智能交通界的关注点。同时，这次大会还反映了国内外行业都在关注"智能交通界要认真思考他们的产品和服务，是如何在现实世界中使用的"，即创新和示范如何使老百姓满意。

2021年在德国汉堡举办的第27届智能交通世界大会上，奥玛·奥巴马女士的主旨发言是用非洲的观点看智能交通，这个发言引起了大家的关注。各国专家围绕"是否受到启发、解决现实问题，还是继续沿着发达国家自动驾驶汽车的想法走下去"进行了争论。类似值得关注的，是我们国内举办的会议上，是否有对欠发达地区和西部地区发展智能化交通的议题呢？

另一方面是国内外均将数字交通作为重点之一。我国中央政府和地方政府，以及发达国家政府都对此有明确的政策和计划。

第三个讨论的话题是对车路协同可持续发展的建议。

首先是车、路、城协同要关注其能否列为基本公共服务。我们知道，保证道路基本通行条件是基本服务，对道路设施的监管、养护、交通运行状态的监测是基础设施运营方的基础服务。车路协同是增值服务还是基本公共服务要讨论清楚，如车路协同和自动驾驶是否以市场化为主，企业和受益对象的显性收益是什么，等等。我们还要考虑投资新技术与提高劳动生产率的关系。

二是要重视土木工程基础设施与智能化基础设施的差异，要注意形成可积累的资产。城市是需要生产积累的，如盖一栋楼，它是有价值的或增值的，但是目前以信息装备为主的车路协同系统的资产难保值，两年内用得不好且没人维护，资产就报废了。因此需要加强低成本的建设和客户黏性。这里可借鉴欧洲低成本车路协同技术路线经验，他们的路侧设施建设得非常便宜，就是充分利用既有的4G 通信设施，同时根据需要引入 5G 通信设施。

三是选择好车路协同的切入点并考虑盈利。在高速公路上让道路运营公司建设车路协同设备，需要思考智能汽车和车路协同运营中，道路运营方的作用和盈利点在何处。目前交通运输部组织的车路协同示范工程，所有的高速公路公司都无法计算车路协同建设的收益。

总的来说，要从实现中国式现代化的角度，全面考虑交通可持续发展的内涵。中国式现代化是人口众多的、国土面积巨大的一个国家的现代化，而不是和西方国家，特别是欧洲小国家做对比。车路协同的市场性质需要进一步分析，车路协同可持续发展的经济分析至关重要，是找到未来可持续发展的切入点。

希迪智驾首席运营官

应　龙

限定区域无人驾驶和车联网协同发展为
中国商用车发展带来机会

安全性、能耗和环保是商用车使用过程中的核心痛点，新能源化是解决以上问题的关键，而智能化将是再次打开商用车市场的金钥匙。

从 2017 年至今，中国商用车智能化产业依托巨大的市场容量，取得了长足进步，但一直被技术成熟度、法规容忍度和成本接受度所困扰。希迪智驾在发展过程中始终把这三大挑战及其解决方案作为主要考量因素。面对巨大却不确定的市场前景，我们认为商用车自动驾驶目前阶段的发展机会主要在两个领域，一是限定区域，二是车联网车路协同。

首先，限定区域的典型场景是矿山。采矿业的国内生产总值（GDP）占比接近 10%，是智能化商用车的高价值应用场景。采矿行业存在几方面痛点：一是高风险，恶性事故频发；二是高能耗，能源成本高；三是工作环境恶劣、工作时间长、远离城市生活区，导致从业人员老龄化、不稳定，用工成本高；四是低效率。

这四方面的痛点决定了无人驾驶在矿区是刚需，能创造价值。由于矿车成本高，能接受相对高配置的智能化方案，例如家用车用户对智能化软硬件相对昂贵的价格非常敏感，但矿车用户对价格的接受度就要高很多。同时，因为矿区车速相对较低，行人少，所以在安全性方面自动驾驶在矿山也有先天优势。为了应对矿山的特殊工况，确保晴、雨、雪、雾天不休息，7×24 小时连续工作，我们开发了将近 400 余项功能，包括自动驾驶算法、底层线控技术、智能调度、无人中台，还包括应对车辆意外抛锚、突降大雪等情况的远程控制技术。从经济性角度看，一辆燃油矿车每年的使用费用超过 70 万元，而采用纯电的无人驾驶矿车只需要 10 万元左右。智能化商用车的价值最终体现在经济性上了。目前，在句容台泥矿厂，希迪的无人驾驶车辆已经成熟运营了 7 个月，效率是传统矿车的 104%，驾驶员人数也从 33 人缩减到 4 人，大量节省了人力成本。

第二，车路协同也是赋能商用车智能化的重要突破口。希迪智驾在 2017 年创立之初，就同步布局了商用车自动驾驶和车路协同。从短期来说，主要针对减少商用车交通事故、降低能耗、提高驾驶舒适性、提高交通效率。从长期发展来看，随着新基建和双智城市建设，我们希望能在 V2X[⊖]的支撑下，把每一条路都变成超级信息传送带。而车路协同的意义就在于，使视野范围外的交通参与者及早感知，并做出正确的驾驶决策，从而能够通过车路协同和 V2X 的方法大幅扩大自动驾驶的安全行驶区域，为老百姓的出行安全提供更多保障。在全国范围内，希迪已经参与了天津、重庆、长沙、襄阳、成都等国家级车联网先导区建设，车路协同技术在物流车领域做了大规模部署，并应用于城市级的公交示范系统，例如在长沙和重庆实现了一次性覆盖一个城市、2000 多辆公交车。

我们相信，商用车与无人驾驶相结合，一定可以加速无人驾驶商业化落地，打造安全、高效、低碳的运输环境。

⊖　V2X（Vehicle to Everything）即车辆与任何事物相连接的通信技术。

中国城市规划设计研究院
城市交通分院院长
赵一新

城市智慧化治理探索

城市智慧化治理面临城市发展形势的需求。一方面，党的二十大报告明确提出了城市治理的需求。中国的快速城市化发展历程，积累了大量规划建设的经验，但在城市治理上仍需不断探索实践，如何把智慧化和先进技术手段运用到治理中，打造宜居、韧性、智慧城市，是党的二十大给城市发展提出的新要求。另一方面，数字中国建设对智慧城市提出一系列要求，涉及新型智慧化基础设施的建设和传统基础设施的智慧化改造等。

双智试点需要与城市服务更好地融合，以应用场景为依托，以智慧治理为手段，探索城市智慧化治理的路径。目前，城市智慧化治理的技术架构包括一张感知网，一个智能化云平台、数据中心和计算中心，以及 N 个智能应用场景。城市智慧化治理场景主要包含城市交通、城市管理、生态环境、公共安全、城市体检和未来社区等。

城市交通场景主要是以智慧化手段优化交通系统。双智是智能的车和智慧的基础设施，典型应用包括交通优化与评价、重点车辆管理和停车管理、提升整个城市的交通品质、路网运行速度监测、车路协同、利用不同精度和颗粒度的数据为城市提供基础赋能等。

城市管理场景是城市日常管理手段智慧化。一部分与车有关系，如桥梁监测、消防通道管理等；一部分与车没有直接关系。对重点车辆的跟踪和识别，包括渣土车、危险品运输车等，它们的违章率和安全率对城市的正常运行和安全影响非常大。通过智能化手段将工地的渣土车、城市的垃圾车与城市环境有关的干扰降到最低。

城市体检的智慧化可以让城市更健康。目前城市化发展需要城市更新，城市更新需要新手段和新基础设施应对挑战。城市智慧化的基础设施能够低成本和无缝衔接地融入城市更新的链条中，使城市车路协同更容易推广。城市体检是以城市更新为基础，把城市作为一个生命体，通过智慧化的手段找到交通拥堵、空气污染、建筑问题等"城市病"。这些问题通过专项调查、多元数据的接入和分析，用城市治理平台汇聚，实现精准抓取城市问题，用智慧化的手段解决城市治理问题。在规划建设层面，从不同层次解决城市的规划建设，编制行动方案推动城市体检在城市更新中落实，解决"城市病"的问题。最终形成从体检到治理的小闭环，让城市更新得到最好的结果。

未来社区的建设是智慧城市发展的重要环节，需要将智慧化技术和产品落实到社区。未来发展场景包括人本化、数字化和生态化三个维度，九大应用场景包括邻里、健康、建筑、低碳、治理、服务、交通、创业、教育。未来社区覆盖了与人和车活动相关的具体场景，通过智慧化协同，为社区提供更好的生活服务，涉及教育、医疗、养老、出行等多种服务，通过智慧化手段让百姓生活更幸福。

车城协同是在一系列场景中把车和城二者结合好。在城市更新具体的工作推进过程中，利用基础设施的改造，让智慧感知和智慧产品在城市更新过程中植入；政府对基础设施的管控和建设更新较国外的力度更大；车城协同的成本需要进一步降低。最终在城市更新链条里，同时实现智慧化和基本公共服务的目标，形成多赢的局面，使车城协同发展更顺利。

推进中国汽车
产业现代化

01 "他山之石"赋能汽车生产方式变革

02 推动汽车产业高质量发展

第七篇
先进制造赋能产业升级

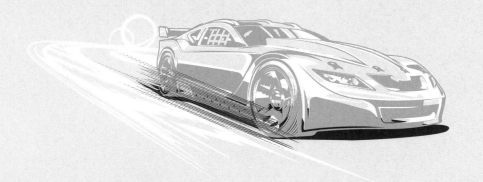

01

"他山之石"赋能
汽车生产方式变革

立讯精密工业股份
有限公司总经理

李　晶

消费电子自动化理念在车载产品上的应用

立讯精密在消费电子产业领域的产品非常多元，因此在消费电子领域具有全面和深刻的认识。消费电子产业特点鲜明，如产品类型多、产品周期短、技术迭代快、结构小巧复杂、品质要求高、需求波动大等。相应也伴随诸多痛点，如产量大、线体建设周期短、人员技能要求高、组装良率管控难度大、良率和效率垂直爬坡。

基于消费电子产业的特点，立讯总结了消费电子产业自动化的四大理念。当前，汽车产业电动化转型是大势所趋，部分产品呈现消费电子化的特征。立讯进入汽车领域十余年来，一直在摸索如何用消费电子产业的技术和经验赋能汽车产品，以立讯的自动化理念推动汽车生产方式变革。

第一，高效率。

在消费电子产业，一家没有效率的企业基本上没有存活空间，因此，立讯每一天都在向效率提出挑战。经过十几年摸索，总结了一套"立讯模式"。

首先根据产品结构的差异化配套相应的自动化平台，并将适用于大部分产品的这些自动化平台标准化、模组化。此外，根据不同的产品工艺特征，把工艺需要的设备标准化。借助平台标准化和工艺制程设备标准化，能够极大程度满足多样化、小批量产品的变更。而且立讯的自动化平台是基于长期自动化生产过程总结积累而来、真正符合生产实际需求的成果，是经过实际使用考证过的，并非单纯从顶层设计逻辑思考出来的。

第二，高精度。

高精度的组装就像一个成熟的狙击手完成一次完美射击。首先，必须要有足够精准的狙击步枪。我们根据产品的特征需求，定制开发自主的设备结构、光学系统、控制软件和算法。

有了一把精准的狙击步枪并不代表能完成一次精准射击，还需要狙击手对环境、风速等条件的判断、实时修正才能实现完美射击。组装产品也是一样，虽然有了高精度的装备，但如果对产品没有足够深的理解与认知，抓不住产品最重要的需求点和关键核心技术点，也不一定能完成精准组装。因此，立讯在自动化领域除了装备开发，也整合了工艺控制和开发。

第三，高品质。

立讯内部对不良品遵循"三不"原则：不接受、不制造、不流出。因此，每一道工序都会严进严出、闭环控制。

在输入端，针对产品组装有影响的因子，我们会百分之百确认它是否合规，一切不合规都视作不良品而去除。在过程控制方面，无论是时间、压力，还是其他参数，都会实时形成闭环控制，确保每个工段的动作完整闭环。

在输出端，一个产品制造完成以后一定要对结果进行确认。所有产品在输入端、过程控制、输出端的关键信息都会在我们自主开发的 i-MES 系统实现全流程追溯。

"三不"是我们一贯的原则，我们一直在挑战更高的良率，在消费电子领域的品质管控已经达到非常严格的状态，我们把这套理念延伸应用在了车载产品领域。

第四，智能化。

产品越来越复杂，良率和效率的影响因素越来越多，靠人工分析的效率根本满足不了产品精益生产的需求，必须借助智能化手段。在消费电子领域，很多工厂都实现了智慧工厂管理模式，在车载产品领域，当前产品线的数据收集量还不够多，需要持续推动智能化的升级模式。我们会在产品数据收集、处理方案、预警方案等方面持续进行数据收集处理，在合适的时机推动智能化生产。我们计划在未来两三年之内，走向真正意义上的云智慧工厂，不但可以实时掌控工厂所有生产信息，而且设备之间可以实时反馈信息、动态调整校正，并且可以实现自动呼叫维修人员等功能。

深圳模德宝科技有限公司
创始人、CEO

成亚飞

模具制造助力汽车生产新方式

电动汽车成为电子消费品，似乎是行业共识，它有非常典型的特征。第一是产品品种越来越多，迭代周期越来越短；第二是驾驶乐趣和体验感是消费者买单的重要动因。仅凭这两点就可以断定，电动汽车已经电子消费品化，这也是汽车企业不能够赚钱的重要原因——因为缺少"小单快返"理念。

当我们用传统思维定义供应链时，所谓的"内卷"和内耗就会产生，于是中间成本会大幅增加。因此，平台化和数字化一定会让汽车由传统的机械式生产转为搭建积木式生产，这就是消费类电子产品能够快速更新换代而且有利润的原因。

当汽车生产平台化之后，随之而来的是标准化，其中离不开的一个工具就是模具。模具应该是电动汽车开发的关键环节，因为它能够帮助汽车又好又快地更新换代。

模具是工业制造的基础环节，也是衡量一个国家制造业水平的重要标志，汽车、家电中有80%以上的零部件依靠模具成型。模具也是工业放大器，纵观汽车零部件供应商、主机厂，供应链前100强中无不与模具打交道。

当汽车电子化以后，供应链供给是不足的，因为今天所有的汽车供应链必须重构。模具行业必须走向数字化、自动化、精密化，迈向智能模具非常重要。否则，在如此"内卷"的时代，汽车主机厂可能会越亏越多，代工时代可能真的会到来，这也给传统的汽车零部件企业或者供应商造成巨大的倒逼压力。

为什么苹果、vivo、OPPO这样的消费电子企业能够快速地更新换代？因为模具行业在这个领域已经把数字化完成得非常好，而汽车领域几乎还都是采用以前的认证模式，导致企业在这个领域更新换代非常慢，并没有把模具作为重要的研发环节对待，该环节已经成为汽车零部件快速推向市场的一个瓶颈和关键制约因素。

面对未来行业的需求，在立足技术进步的同时，模德宝也在做商业模式的变更，正在打造虚拟工厂的平台计划。面对大量精密结构件和产品研发需求，传统模具工业已经不能满足当今高精密、高品质、高效率、低成本供给的要求。模德宝构建了一个基于精密制造平台的大脑工厂，即赋能工厂。因为我们有非常强的数字化赋能能力，会协同伙伴工厂帮助有产品需求和研发需求的企业，快速提供低成本、高品质的模具，将传统供应链打破，连接上下游，打造一个基于工业互联网的模具和精密零部件制造平台。

基础制造和基础供应链将是新能源汽车最主要的核心竞争力之一，我们通过组建小生态，拥抱行业大生态，期望与主机厂、一级供应商一起构建更加柔性、更加有竞争力的生态。

计算机辅助成型技术交流协会（ACMT）
先进成型与制造主任委员
陈震聪

从赋能至产能"T 零量产"的实践

"T 零量产"实践是一项系统化工程，是材料、模具、成型与关键零部件行业多年追求的梦想，同时也是行业一起努力的新高地。

"T 零量产"的成功实践不是偶然的运气，而是在产品开发过程中，运用现代数字化技术，包含了先进的工业软件、科学流程管理与标准化系统工程之间协同作业的结果。

"T 零量产"系统工程是可以提供零部件高质量生产的坚实基础，企业可以实现从产品设计阶段到制造最终交付的效益最大化，实践的过程可以建立企业与员工、企业与消费者之间的共同价值、信任与可持续发展的目标。

数据转化是提供精准预测与计划的关键元素，为"T 零量产"奠定了成功的基础。"T 零量产"的成功必须包含模具设计、注塑装备、聚合物材料三项数据。这三项数据的构建、取得与数据之间的互联互通非常重要，同时也决定了模流分析预测的准确性。模具企业以"T 零量产"作为转型升级的高度，可以充分体现新世代智慧模具与注塑成型工厂数字化与科学化的两个特征，驱动模具制造"T 零量产"的成功实践。

数字化系统（工业软件）互联互通是成功实践的第一步。对产品零件开发过程的设计、制造、组装、试模等任务所涉及的数字化工具，运用工业互联网与数字孪生技术，将所有软硬件系统整合并实现互联互通，成为一体化的智能化平台；同时，建立了顾问辅导的方法，帮助企业逐步实现"T 零量产"成功的目标。

我们在热塑性、热固性、纤维强化、半导体和轻量化领域具备非常卓越的经验，有三个技术赋能部门（中心）。我们有材料数据验证中心，可以与中国质量认证中心（CQC）等进行深度合作，建立材料数据模型并创新协同开发；我们有模塑工程验证中心，可以帮助企业构建模拟仿真能力及培训企业高级工程人才；我们有成型技术验证中心，可以把不同轻量化的复合材料工艺，在成型技术验证中心的实践场景中应用并实现降本增效。我们有产业协同辅导团队，帮助汽车企业提升供应链从赋能到实现产能的最大效益。

我们有三个目标，第一是数字创新，为低碳发展尽一点力量；第二是利用高质量的资源赋能企业，提升产品及零部件的转化能力；第三是跨界跨行形成产业联盟。我们在上海、深圳、台湾新竹等地成立了可对外服务的高质量实验室，以及"T零量产"的示范工厂开放给行业使用及参观学习。

汽车是引领高质量发展指标的产业，我国已经成为全球最大的新能源汽车市场，传统燃油汽车转型电动汽车给行业发展带来高水平的竞争环境和活力。面对"断链"风险及"短链"的现实，强化供应链韧性及敏捷性是产业发展的当务之急与重要任务。而我国具备从低端到高端的产业结构及专家人才，巨大的市场及产业前景成为提升供应链韧性及敏捷性的最佳实践场景。我们以最高水平赋能供应链，应对未来的挑战。

悠跑科技创始人、CEO

李　鹏

滑板底盘助力新能源商用车标准化定制化

新能源商用车的渗透率较低，本质原因是商业逻辑没有走通，TCO 没有优势。但传统汽车行业有一个大弊病：设计产品时是"One for ALL"，就是试图用一款产品解决所有问题，不得不把产品方方面面的冗余设计得很足，这带来了高成本。

滑板底盘在电气化时代要解决两个核心问题。一是由电动化带来的硬件标准化。对标准的硬件本身进行预集成，滑板底盘是一个电动化的预集成过程。二是为电动汽车提供智能化的技术底座。在底盘上做底盘域控制器，相对于目前的商用车而言，是相对领先的电子电气架构。我们认为，新一代滑板底盘将成为中国智能电动汽车的一个操作系统。

滑板底盘应用于商用车最极致的价值就是降本增效，主要来自两个方面。一方面是上下车体解耦。下车体极致的标准化可以降低最高 60% 的研发成本，缩短 6~12 个月研发周期。另一方面是滑板底盘也可以做成一个标准平台。当然，它有自己的带宽，但是在带宽能够覆盖的范围之内（比如这代平台是覆盖车长 4.5~6 米、载质量 2.5~4.5 吨的平台），让整个行业不再重复造轮子，这是电动化的预集成。

在智能化基础底座上，滑板底盘能赋能整个商用汽车行业。一方面滑板底盘通过下车体极致的标准化，实现上车体的定制化，从而降低单位载货的 TCO；同时，底盘上拥有完整的数字化能力，能提高资产化运营效力。

运营一个传统的离线资产（传统汽车），和运营实时在线的在线资产，在运营上是截然不同的。所以，未来的智能电动汽车在商用车领域的应用，应该以整个物流链条为唯一目的，每一个产品都应该在这个链条上找到最符合自己定位的阶段，去打造极致的用户属性。未来的商用车用户可能不再关心车的成本，而是关心车所带来的单位质量、单位空间的运输成本。

悠跑已发布第一代电动 VAN 车，我们称之为超级 VAN，该产品可以有不同的配置。其中一种配置是 5.1 米左右的车长，可以带来 9.3 立方米的空间。更重要的是，基于 41 度左右的电能使用，能够实现 270 千米左右的续驶里程，具备极高的能源使用效率。这种产品能够从"人、货、场"三个领域带来更低的 TCO，同时支持更高的定制能力。

02

推动汽车产业
高质量发展

中国质量认证中心
党委书记、主任

谢肇煦

检测认证助力汽车行业高质量发展

当前汽车行业正经历百年未有之大变局，汽车电动化和智能化变革已是大势所趋。智能电动汽车与传统汽车供应链相比变化巨大，新技术不断涌现，跨界零部件广泛应用，对产品质量和安全性提出了更高要求。

随着新能源汽车渗透率快速提升，市场竞争不断加剧，成本竞争也日益激烈。企业面临快速创新、成本压力、高质量和高安全三个维度的严峻挑战。

目前，我国汽车行业正处于"降速调整、转型升级"态势，汽车强制性产品认证（CCC）将按照"制度设计科学化、贸易影响最小化、政策实施便利化、法规体系国际化"的改革原则，逐步降低汽车行业制度性交易成本，厘清各方质量责任边界，实施包容审慎的监管方式，鼓励技术创新，为汽车产业高质量发展减负助跑。

与此同时，新能源汽车的推广是汽车行业实现碳达峰、碳中和目标的重要手段。中国质量认证中心将紧跟政府主管部门要求，研究国家宏观政策和地方政策，梳理政策现状，谋划建立中国汽车产业"绿色节能减排认证测评服务"平台，探讨建立交易信息管理系统，制定和落实碳排放认证管理办法，助力"双碳"目标落地。

在零部件领域，特别是在新能源和智能网联汽车跨界零部件领域，许多供应商是跨界进入汽车行业的。其中，不少企业不了解车规级产品标准，也不具备完整的车规级生产质量管理体系，甚至很多新兴领域尚未形成客观的车规级检测认证方法，产品质量良莠不齐，威胁整车安全。因此，培养自主研发生产、高水平核心零部件企业势在必行。

中国电动汽车百人会是国家在电动汽车领域权威的第三方智库，一直引领行业发展。中国质量认证中心作为"国字号"权威综合性质量服务机构，业务囊括汽车、电子电气行业等众多领域。双方都非常关注新能源汽车安全问题，为此开展了诸多合作，并于2019年强强联合，打造了"提链计划——智电汽车供应链质量安全提升计划"。

"提链计划"的终极目标是聚焦跨界创新关键环节、部件和系统，研究相关标准和评价方法，并以此为抓手，建立行业权威的车规级技术规范和自愿认证评价体系，建立跨界创新领域标准和检测公共平台，为供应链企业提供辅导和技术服务，促进供应链上下游合作，最终建立最具影响力的供应链合作平台。

欢迎更多行业同仁加入"提链计划"朋友圈，与全行业一起，通过高水平的认证检测服务、高水平的供应链企业辅导，帮助行业中有潜力的供应商提升能力，成长为主流汽车企业认可的、世界级的供应商，并推动行业零部件的标准化和通用化，共同为我国汽车行业高质量发展做出贡献。

麦格纳中国区负责人

吴　珍

"扎根中国　放眼全球"的高质量发展路径

2009 年，中国成为全球最大的汽车产销国，汽车大国的地位毋庸置疑。此后十余年来，得益于新能源汽车行业的发展，众多汽车新势力的加入和自动驾驶技术的突飞猛进，中国新能源汽车一路高歌猛进，中国品牌受到世界瞩目。

诸多具有全球竞争力和吸引力的产品漂洋过海，在世界各地的大街小巷穿行。纵观国际市场，无论是欧美品牌还是最近在国际市场表现亮眼的中国品牌，能够在市场上站稳脚跟，凭的就是高颜值、高科技和高工艺的高质量。

高质量是全球化发展的关键之一。2023 年中国新能源汽车出口量预计会达到 80 万辆，汽车出口总量可能超过 400 万辆，发展速度惊人。因此，国家提出高质量发展的方针是非常及时的，也指明了下一阶段的奋斗目标，就是如何从汽车大国转型升级为汽车强国。对打造高品质产品的路径，麦格纳进行了一些探索和实践。

研发路径方面：打造未来汽车。

麦格纳研发路径方面的实践是从创新研发设计出发，以用户体验为最终目的。从整车视角的标准来平衡，作为一个独立代工制造商，麦格纳有超过 100 年的整车制造和工程服务能力，也有常年与高端汽车品牌合作的积累，所以我们能够完全以独立的、客观的、第三方的视角，来帮助新兴企业塑造高端汽车品牌。一直以来，麦格纳帮助很多客户优化国际市场准入，做了一些小批量的产品试生产，以及在有利于投资回报的前提之下，给客户使用麦格纳的产能生产特定市场需求的汽车。

回到老本行——汽车零部件，麦格纳也持续创新，力争打破原有产品的界限，进行跨技术领域的合作，减少客户管理供应链的时间和成本，让他们可以花更多时间、人力、物力在提升消费者的生态及品牌运营上。

在公司内部协同的同时，麦格纳保持开放合作的态度，与业界新兴公司以及同仁进行合作，吸取灵感，善用他山之石推动全行业共同进步。

制造路径方面：打造未来工厂。

除了在研发方面创新之外，麦格纳紧跟客户脚步，在智能制造方面也做了一些尝试。

首先是柔性生产线。我们需要以最灵活的生产方式满足不同客户不同销量的需求，保证高质量的产品能够被最大化的市场所接受。比如对前期投资比较巨大的、对市场产销量波动敏感的产品生产运用数字化技术，从而提升生产线的灵活性，以单条生产线来满足不同品类产品的生产，甚至满足跨 OEM[⊖]客户产品的生产，降低生产成本和商业风险。

同时，我们积极响应零部件的标准化和通用化，在研发端对产品进行集成，制造出高模块化、高集成化、高标准化和通用性产品。例如对车身件，通过工艺升级极大地减少车身零部件数量，对一些非外观件功能性产品，最大化推行统一标准，以满足跨平台需求，达成产品最大通用化，增加产量，降低制造成本。

　　⊖　OEM（Original Equipment Manufacture）为原始设备制造商，此处指汽车行业的整车制造企业。

　　高质量的产品一定源于高水平的流程管理和配合，麦格纳拥有与全球 300 多家工厂共同践行的一套不断升级的标准软件，确保产品不管是在中国，还是在奥地利、加拿大，都保持同一高水平。

ADI 公司执行副总裁
兼全球事业部总裁

Gregory Bryant

半导体技术赋能未来汽车　推动全球
智能汽车高质量发展

　　汽车正变得越来越智能化和自动化，个性化设置功能不断增强，通过软件定义，为驾乘者提供个性化体验。同时，随着汽车制造商着力开发能效更高、排放更低的电动汽车，汽车的可持续性也在不断提高。这些都推动着汽车行业进入创新新纪元。未来五年，电动汽车的数量快速增加，每辆电动汽车需要的半导体数量约为燃油汽车的三倍，半导体技术将变得比以往任何时候都更加重要。

　　利用半导体技术推动可持续的未来。推动汽车电池技术发展是产业发展的核心之一，这对新能源汽车市场培育以及电池安全体系建设等都将起到关键作用。ADI 推出了先进的电池管理系统（BMS）技术，力求在 15 年汽车生命周期内确保行业最佳精度，实现每次充满电可多行驶 20% 的里程。同时，ADI 的产品在设计时也确保整体系统的安全性，并通过了业内最高标准的汽车信息安全认证。

　　确保能源和交通系统有机融合。电网连接了所有住宅和工厂，同时也有越来越多的电动汽车接入电网。整个电气化生态系统非常庞大，ADI 的技术影响了从锂离子电池制造到汽车和储能系统的电池管理的各部分，甚至扩展到数据和云。ADI 的解决方案应用在世界最先进的二次变电站，实时监测并适应电网负载状况，实现快速充电和行业领先的安全性。利用 ADI 在精密信号管理、控制和实时信号处理方面的创新，给生态系统的每个边缘节点带来智能方案，确保电气化交通和洁净电网可靠融合，实现更加可持续的未来。

可靠的电源设计将守护汽车功能安全。越来越多的汽车配备了电子电气系统，如传动系统、助力转向系统、自动驾驶系统等，对整车设计提出了极高的功能安全要求，一个简单的元器件老化、失效，都有可能引发系统故障，导致事故发生。因此，对汽车及其相关零部件安全的要求越来越高。高压电气系统管理是 ADI 业务中至关重要的一部分。汽车上越来越多的功能需要安全运行，ADI 致力于让每辆车遵循"电源设计优先"的理念，来管理激增的车内先进电子设备和计算密集型应用，包括导航系统、ADAS 和电力传动系统。

推进中国汽车
产业现代化

01　我国新能源汽车市场消费特征与趋势

02　科技引领消费变革

03　新能源汽车用户服务变革与创新实践

第八篇
新能源汽车市场与服务

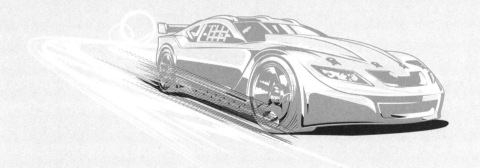

01

我国新能源汽车市场
消费特征与趋势

国家信息中心副主任

徐长明

四个市场化力量推动新能源汽车市场发展

第一，市场驱动力将对电动汽车未来发展起到越来越重要的作用，但是电动汽车市场的持续健康运行仍需要适当力度的政策支持。

以内需口径统计，中国新能源汽车 2020 年销量为 127.6 万辆，2021 年销量为 326.6 万辆，增幅高达 156.0%；2022 年销量再增长近 300 万辆，达到 624.8 万辆。两年时间里，从 100 多万辆到 600 多万辆，新能源汽车实现了跨越式发展，渗透率持续升高。随着新能源汽车规模的不断扩大，四个市场化力量将对行业未来发展起到重要作用。

领先企业具备维持价格稳定甚至降价的能力，提升了对燃油汽车的竞争力。以特斯拉、比亚迪等企业为例，即使单车利润下降，在规模效应的作用下仍然具有盈利空间，且边际成本持续降低。新能源汽车龙头企业影响着行业的价格走向，燃油汽车只能被动跟随降价。

使用场景越来越丰富。目前市场上纯电动汽车（不含 A00 级）的平均续驶里程为 493 千米。除了东北、西北等特别偏远的地区，只要地级市能充电，省内通行基本没有里程焦虑。此外，插电式混合动力汽车不仅可以在市区内短途使用，也可以在市区外远距离使用，更适用于保有一辆车的家庭，也进一步扩大了电动汽车的使用场景。

主动选择新能源汽车的消费者数量在快速增长。过去，电动汽车在限号限行的城市接受度更高。现在，在没有限号限行的城市，包括纯电动汽车和插电式混合动力汽车在内的新能源汽车渗透率已达到 22.3%。我国华南和华东地区新能源汽车发展速度最快，渗透率最高。

产业链更加完善强韧，形成良性互动。2020 年前，上游企业给电动汽车配套还要看产量是否足够，但是从 2021 年开始，供应商信任度越来越高，体系也更健全。

以上四个市场化力量将推动电动汽车发展。但是新能源汽车发展仍离不开政策支持，不仅是车辆购置税的减免，而且是能够引导消费者意识到电动汽车是国家鼓励的未来发展方向。所以，政策调整要适度，才能保证行业可持续健康发展。

第二，电动汽车的快速发展正在促进自主品牌汽车竞争力从量变向质变转化。

一般来说，自主品牌份额超过 50% 意味着行业将发生质变。目前，燃油汽车领域自主品牌份额一直保持在 30%，即竞争格局基本没有变化。但是在电动汽车领域，2022 年自主品牌已经占到 84.7% 的市场份额，使得整个乘用车市场中的自主品牌份额达到 45.3%。据预测，自主品牌的市场份额 2024 年有望突破 50%，这将是质变。

自主品牌市场份额的提升不仅体现在低价格区间，在 20 万~30 万元和 30 万~40 万元的中高端电动汽车市场占比也很高。与国际品牌在华销量逐年下降形成对比，自主品牌近两年的销量一直呈上涨态势。2022 年，国际品牌在华销量为 1173 万辆，自主品牌销量达 969 万辆。预计 2023 年第四季度当季销量或者 2024 年全年销量两者有望持平。

价格是自主品牌实现突破的另一个参考指标。目前，自主品牌产品价格已经越来越接近合资品牌。2022 年，合资品牌均价为 16.6 万元，自主品牌均价为 14 万元。从具体品牌来看，蔚来已和奔驰均价基本相当；理想均价超过奥迪，并和宝马接近；比亚迪均价略高于本田，接近丰田。份额与价格都在上涨，标志着自主品牌的竞争力在逐步提升，品牌实现向上突破。

国务院发展研究中心
市场经济研究所副所长

王　青

我国已进入新能源汽车快速普及和
对燃油汽车的加快替代阶段

当前，我国汽车消费市场整体已经进入中低速发展阶段。

汽车消费和汽车市场发展具有内在逻辑和一般规律。根据发达经济体汽车市场发展的典型经验，当千人汽车拥有量超过 200 辆关口，进入 200~400 辆的阶段之后，其增速会出现明显回落，会从 11%~12% 年均潜在增长率自然回落到 4%~5% 的增长率区间，而这个过程一般会维持 15 年左右。

2022 年，我国民用汽车保有量达 3.1 亿辆，千人汽车拥有量为 221 辆，从实际增长来看，已经进入中低速增长阶段。而这也正是我国新能源汽车发展所处的重大背景和市场阶段。

据测算，到 2030 年，我国汽车市场规模将达到 3300 万辆，其间年均潜在增速约为 3%。届时，汽车保有量和千人汽车拥有量分别会达到 4.2 亿辆和 300 辆左右。预计我国千人汽车拥有量的峰值将在 350 辆左右，与美国、西欧、日韩等经济体 600~800 辆的水平会存在一定差距。这主要是由人口密度、能源供给、技术进步、消费模式创新等因素综合作用和决定的。

我国已进入新能源汽车快速普及阶段，同时也是对燃油汽车的快速替代阶段。

我国已连续 8 年成为全球最大的新能源汽车市场，对全球新能源汽车技术发展、市场拓展和商业模式创新方面，都发挥了非常重要的探索和支撑作用。新能源汽车快速普及和替代燃油汽车是大势所趋。到 2035 年，欧洲计划不再销售以化石能源为燃料的汽车。我们预计我国将于 2040 年前后，在每年销售的汽车中实现新能源汽车对燃油汽车的基本替代。

根据创新型产品市场普及的 S 型增长规律，市场占有率从 15% 增长到 50% 的阶段，是创新产品市场占有率提高最快、对传统产品替代最快的时期。剔除净进口因素，2022 年我国新能源汽车国内市场占有率已经突破 23%，已经进入快速普及阶段，到 2027 年也将处于快速替代期。在经济稳定、供给充分、配套体系完善等情景下，我们预计，到 2025 年国内市场占有率有望接近 60%，年销量将达到 1700 万辆；到 2030 年占有率将突破 90%，年销量达 3200 万辆。

新能源汽车的增长既有新增效应，也有替代效应，未来替代效应会不断增强。新能源汽车对燃油汽车的替代是不可逆转的大趋势，但在这一过程中，我们既要从国家战略高度进一步增强新能源汽车持续发展的动力和能力，巩固和扩大全球相对优势，同时也迫切需要通过调整产业政策，加快燃油汽车企业转型发展，尽量避免可能出现的汽车产业结构性矛盾，以及由此引发一些地区或城市产业、消费和就业等出现新一轮分化。

中国汽车工程研究院股份有限公司
党委书记、董事长、总经理

万鑫铭

数据驱动汽车安全升级　技术赋能服务体系建设

汽车从购买管理向使用管理转变。

过去几年的"两会"政府工作报告和我国 2035 年远景目标里，都对汽车行业提出了一个要求——汽车从购买管理向使用管理转变。这是站在国家的高度来看整个汽车产业的发展，尤其是 2023 年，汽车市场已经进入从增量市场到存量博弈的阶段。

过去的燃油汽车买回去，定期做年检或者保养修理。但智能电动汽车时代到来之后，能源交互是个重点，充完电之后还涉及 OTA，涉及前市场、后市场一些新的管理要素。同时，传统的年检站，包括安全检测、环保检测，检测电池、智控平台的黑匣子可能识别不了。这些都给从业者或者消费者带来了很大的挑战和困难。因此，要推动汽车向使用管理转变。

数据驱动汽车安全升级。

使用管理的关键首先是安全。对智能电动汽车来说，随着向电动化、智能化和网联化的变化，安全的风险在不断增加。例如在电池热失控方面，有充电、运行和静置状态的失控和安全失效等。

其次，自动驾驶遇到的挑战更多。如场景能否识别、决策系统是否失效、车路协同系统是否能真正保障车辆安全等。

另外还有数据和网络安全。从 2019 年到现在，网络安全的影响程度越来越大，包括数据的隐私和跨境数据的安全。国家接连出台网络安全相关法规，包括《中华人民共和国个人信息保护法》等上位法以及多部委的联合指导意见，这个领域面临的挑战越来越大。

技术赋能服务体系建设。

一是技术深度助力新能源汽车安全体系的建设。在工业和信息化部和多部委的联合推动下，我们也承担了后市场汽车售后服务安全体系建设和研究工作，包含后市场可预防性的评估方法建设等。

二是新的年检工作方式——云端评估。我们在线上监测以及线下检测的新方案中开发了相应的算法、平台技术，同时也建立了相应的硬件技术，包括线下监测、充电安全、电池健康状态（SOH）等相应的检测设备，以及软件技术构建起来的支撑体系形成相应的标准。

三是构建汽车后市场服务体系。我们与中国电动汽车百人会一起，联合行业头部企业及中国消费品质量安全促进会等行业协会共同成立了后市场联合创新平台，主攻两件事：一是做标准体系研究；二是在召回中心的标准建设上构建工作组，专门对外发布信息，建立后市场的服务生态。

使用管理是打通产业链的重要环节，没有这个环节整个链条的价值无法循环。在此特别倡议各方紧密团结合作，同时，与新技术、新业态、新模式融合创新，共同促进智能电动汽车安全健康监测及使用管理新生态的建成落地，助力汽车产业的健康、高质量发展。

车百中汽科技（北京）
有限公司联合创始人

许书军

新能源汽车后市场检测需要新技术新方法的支持

近年来，我国新能源汽车的新车产销量与二手车交易量均呈快速提升态势，预计到2030年，我国新能源汽车保有量将达到1亿辆。在保有量强势增长过程中，新能源汽车后市场将面临诸多问题和挑战，同时也将迎来大量商业机遇。

新能源汽车后市场涉及多个领域、多个环节，具备万亿元级市场规模。从车辆售出到原材料回收，包含保险产品开发、车辆充/换电、维护修理、年检、二手车交易等使用环节，都会随着保有量的大幅上升而出现巨大的商业增长潜力。但同时，也需要成熟、专业的车况与电池评估技术，以保障各业务环节的顺利进行。

相比传统汽车，新能源二手车交易的车况评估和价值评估体系尚有待完善。传统二手车交易样本多，车况易评估，估值模型比较成熟。新能源二手车由于交易样本量少，三电系统、智能驾驶系统等新型部件价值高、技术新、迭代快，传统的经验、标准和估值模型适用性不足。评估体系的欠缺，导致新能源二手车交易价格普遍低于预期。

通过对后市场检测评估技术路径的分析，我们发现，新能源汽车使用过程中，大家关注的续驶里程、加速性能、寿命和安全性等核心问题，很难进行直观检测和评估。需要通过技术手段转化为智能体系、化学体系、机电体系等多体系的性能指标，再通过车联网、大数据、设备检测等途径综合处理分析，形成系统解决方案。

电池性能和车辆性能息息相关，我们总结了目前领域内的主流评估方法，包括等效电路模型、电化学模型、机器学习模型等。随着模型复杂程度的提升，对电池状态的评估有望达到更高精度，但对电池的基础参数与控制参数在数量与质量上的要求也会提高。在实际应用中，我们将根据不同场景需求选用合适的评估算法。

新能源汽车评估的一个主要技术任务是确定动力电池的安全状态。电池安全事故通常表现为热失控，这种现象一般是对电池的热滥用、机械滥用、电滥用等因素使电池温度达到阈值，继而引起自发放热反应。研究发现，在事故前期，往往能从电池运行过程中的电流、电压、温度等信号识别出风险模式，这就为开发新能源汽车安全预警技术提供了机会。借助事故车大数据与机器学习算法，目前已经形成了初见成效的安全风险识别手段。

动力电池的检测评估逻辑是向电池发出激励信号，通过信号的响应关系，评价动力电池的功能和安全状态。充电桩是很好的信号激励源，我们开发的技术就是以充电桩为激励，在充电过程中采集数据，在云端进行分析，实现对动力电池的评估。此外，兼顾场景适用的灵活性，我们也规划了多项设备矩阵。

有了技术原理和设备工具，下一步要做的就是提供检测评估相关服务。我们通过设备＋智能云端＋客户端小程序的运行模式，依托互联网技术，可充分发挥检测的灵活性，应用云端大数据与强大算力资源，与用户数据一起在云端进行统一管理，能够很好地保障数据安全。

智能电动汽车后市场检测评估技术，需要融合电池技术、信息技术以及电子电气技术等跨学科、跨领域的技术，我们愿意与行业同仁一道，推动检测评估技术与行业的融合发展。

科技引领消费变革

清华大学互联网产业研究院
产业转型顾问委员会委员、
阿里研究院副院长

安筱鹏

数字化带来消费者主权需求崛起

数字化在武装生产端、供给端的同时，也武装了消费者，使消费者决策体系重构。

一是消费者消费理念改变。"90后""00后"等新消费人群的消费理念和品牌认知，与"60后""70后"差异较大，新消费人群主张"无网络不生活""数字空间即生活空间"，他们在重新定义高中低端汽车。

二是消费者决策链路改变。他们在买汽车、买衣服、旅游时均采取"线上发现、线下体验"的方式。

三是消费者决策模式改变。他们不仅追求更高质量、更高性价比，同时也在追求参与权，注重社交体验和分享权是否得到充分尊重。

四是面对全新的消费群体、消费链路、决策底层逻辑，产品和服务的形态需求、价值主张也发生了变化。

如今消费者需求越来越个性化、场景化、实时化、内容化、互动化，他们拥有更多的参与权、表达权和话语权，即消费者主权需求的崛起。对很多企业来说，"我们缺的不是用户，而是与用户互动"。[一]

在数字化重构消费者底层逻辑的时代，企业要重新定义自己的功能和定位，思考和重新定义"我是谁"。汽车企业要从制造商转型成为客户运营商，即将消费者作为企业的核心资产，实时洞察和满足客户需求并持续提升消费者体验，实现以生产为中心到以客户为中心，从经验决策到基于算法的智能决策，从注重消费者需求洞察到产品全生命周期体验。

　[一]　来源于何兴华的《流量制造》。

广汽埃安新能源汽车股份
有限公司副总经理
席忠民

科技创新助推高质量发展

新能源汽车赛道的马太效应将越发明显，市场分化加剧。

2021年以前，我国新能源汽车年销量约100多万辆，市场处于"资格赛"阶段。2021年后，新能源汽车市场急剧爆发，渗透率迅速超过15%，到2022年销量已近650万辆。预计2023年将达到800万~900万辆，市场已逐步进入"淘汰赛"阶段。

2023年1—3月，行业排名前五的新能源汽车品牌销量总和1月约占总量的64%，2月占67%，3月超过70%，头部聚集效应十分明显。未来五年，新能源赛道的马太效应会更加凸显，最终将有3~5家成为头部企业。

未来新能源汽车将从科技竞争上升到"科技＋成本＋生态"的竞争。

入门赛阶段的竞争围绕新能源汽车续驶里程、补能、安全、成本、残值五大痛点展开，现在这些痛点已基本得到解决。智能汽车是新科技的普及带来的一场移动生活的革命，成本与可持续经营将是下一阶段竞争的关键。

"科技＋成本"的竞争需要在规模化效应下才能实现。产品的竞争会变成"产品＋生态"的竞争，因为电动汽车必须融入能源、自动驾驶、智能出行以及互联网的商业生态中。

大工业运营体系的五个维度是决胜的关键。

归根结底，这是企业综合实力的竞争，包含五个维度：①研发，有无深厚的技术积累、高效的产品线及快速迭代能力；②智造，有无快速布局的工厂、大规模的生产能力、短周期交付和成本控制能力；③产业链，能否自主掌控核心产业链；④营销，有无强大的用户运营和服务能力；⑤组织体制，有无准确的战略远见、创新高效的体制机制以及丰富的人才储备和资本的支撑。

高价值产品将被重新定义。

据 J.D. Power 研究，新能源汽车品牌用户体验的魅力指数逐步提升，拉开了与传统汽车的差距，推动了新能源汽车产品的高价值体验。高价值的产品才是真正的好产品。但是高价值不代表高售价，用户喜欢买的才是高价值的汽车。

广汽埃安如何打造核心竞争力。

近年来，广汽埃安聚焦电动汽车（EV）+智能网联汽车（ICV）全栈自研。在新科技支撑下，埃安推出了新高端品牌——昊铂，以实现高价值的市场布局。通过 AION、昊铂双品牌运营，覆盖更大的用户群。2022 年，埃安品牌销量达到27.1 万辆，同比增长 126%，迈入规模效应阶段。智造方面，埃安目前的标准产能达到 40 万辆，利用率可以做到 150%。2023 年年底，第三工厂将投产，构建起百万辆生产体系。产业链方面，埃安坚持"自主研发＋合资合作"双轨并进的战略，在智能座舱、电池、电驱、材料、半导体等多方面布局，形成先进、稳定、可控的自主链。

比亚迪品牌及公关处总经理

李云飞

抓住窗口期乘势而上　打造新能源时代的世界级汽车品牌

2022 年，中国新能源汽车市场渗透率达到了 27.6%，远超欧洲的 20.8% 和美国的 7.2%，领先全球。中国已经成为全球最大的新能源汽车销售市场，销量占全球的 59%。同时，中国也是全球最大的新能源汽车制造国，生产了全球 64% 的新能源汽车。

进入新能源汽车时代，中国品牌增速明显，在国内汽车市场的占有率从过去几年的 30%~40%，到如今突破 50%；在新能源汽车市场，中国品牌市场占有率更高达 75%。中国品牌已然崛起，现象可喜。

从全球范围看，汽车大国、汽车强国都有属于自己的代表性品牌。所以，无论从市场容量上，还是情感上，中国都需要有自己的世界级汽车品牌。

我们应该抓住这个机遇的窗口期，打造有中国特色的世界级汽车品牌。对此，我们的思考和实践如下。

第一，要有文化自信。比亚迪从中国传统文化中汲取灵感，除了埋头做技术，还保持着弘扬中国传统文化的心。"王朝"系列车型的命名源自中国朝代名称；"木兰荟""云辇"等源自历史人物、帝王座驾；高端品牌"仰望"的标志（LOGO）源自甲骨文的"电"字。

第二，保持技术初心。为了让用户安心，比亚迪将安全进行到底，在过去几年里，比亚迪陆续推出刀片电池、DM-i 超级混动、DM-p 王者混动、e 平台 3.0、电池车身一体化（CTB）等一系列颠覆性技术，保障用户的安全。

　　第三，比亚迪抓住未来几年的机遇，启动了多品牌策略。比亚迪品牌的王朝和海洋系列定位舒适；腾势定位豪华，仰望定位极致。2023 年 6 月，我们还将发布一个全新的专业个性化品牌⊖。

　　第四，品牌全维度提升。过去几年，我们持续对 LOGO、新一代产品体系及销售与服务进行优化，重塑用户形象，破圈格调营销，将技术表达通俗化、形象化。

　　这一切源自比亚迪的品牌愿景——为地球降温 1℃。比亚迪希望通过自身产业链，与全球伙伴及更多企业一起通力合作，让地球在未来停止升温。2022 年，比亚迪发布了全新的品牌主张——"科技、绿色、明天"。这些都是成为世界级品牌必须要有的世界级责任。

　　在新的阶段，比亚迪还要扬帆"出海"，迈向全球。过去十几年，比亚迪的电动客车业务已遍布欧美、日韩等全球 70 多个国家和地区的 400 多个城市。过去一两年，比亚迪的乘用车也进入了日本、德国、泰国、巴西等 40 多个国家和地区。

　　从中国产品到中国品牌，比亚迪要打造中国的国际化品牌形象，要构建绿色大交通的体系。中国汽车品牌成为世界级品牌不会那么容易，肯定会有风有浪，但是我们从容淡定，不惧风浪，一路向前。比亚迪愿意和中国同行一起，携手打造世界级汽车品牌。

　　⊖　即方程豹品牌。

03

新能源汽车用户服务
变革与创新实践

中国汽车维修行业协会会长

张延华

电动汽车售后服务创新实践与展望

随着电动汽车产销量的快速增长，用户对电动汽车后市场服务的需求不断攀升。相比传统燃油汽车发展多年来形成的成熟售后服务体系而言，电动汽车售后服务处于起步阶段。2021年，我国电动汽车产销量呈现井喷式发展，到2024年将逐步进入维修保养期，留给后市场的窗口期大概还有一年。

电动汽车售后服务体系建设过程中，传统汽车厂商一方面会沿用原有的售后服务体系，另一方面也会增加新渠道，例如与全国性的连锁企业合作，提升自己售后服务的覆盖能力。造车新势力企业一部分会学习传统汽车企业，通过4S店模式甚至建立直营店承担售后服务；另一部分通过汽车车身修复业务外包授权到专业的维修企业，其他业务在自己建立的售后服务体系内完成。动力电池等零部件企业则通过区域性授权，完成本地化售后服务。对于非授权维修企业，受厂商授权机制和技术壁垒的限制，基本无法独立开展三电系统维修业务。随着智能电动汽车的大规模应用，需要更多的售后主体参与竞争，实现合理可持续的社会分工，不远的将来，电动汽车售后市场格局将重构。

电动汽车与燃油汽车相比，其结构和技术发生了根本性改变，这将推动售后服务体系发生重大变化，对汽车维修业的影响深远。第一，电动汽车维修作业内容和维修技术工艺发生了根本性变化；第二，电动汽车维修盈利水平比燃油汽车低约40%~50%；第三，电动汽车维修对技能人员的要求更高；第四，电动汽车维修作业环境安全要求更高，维修过程中的数据安全和信息安全尤为重要。

电动汽车售后服务体系的难点和痛点是人，现有技能人才的知识结构和能力水平不能完全满足电动汽车维修要求，人员数量跟不上整车市场的发展步伐。具体体现在技师专业能力整体不足，对电动汽车安全风险评估和防护能力不足，知识结构跟不上发展要求，服务素质和理念需要进一步提升。

未来应抓好以下工作：一是充分发挥行业协会和产业链头部企业的作用，聚焦难点痛点，强化顶层设计，优化资源配置，为政府做好参谋；二是加快构建售后领域标准化体系，发挥标准在行业治理中的作用；三是加强师资队伍建设，完善从业人员培养体系，吸引高水平人才进入。

要在迎接新挑战上体现新担当。汽车维修业发展空间广阔，市场潜力巨大，在国内大循环中扮演着重要角色。面对新能源带来的机遇和挑战，中国汽车维修行业协会将进一步发挥组织协调作用，引导全行业准确把握战略机遇，着力在转变发展方式、提高质量效益、培育创新能力等方面下功夫，全面提升可持续发展和服务保障能力。

途虎养车总裁
胡晓东

与上下游合作伙伴共建新能源售后生态圈

当前新能源汽车市场车型多、零部件数量大。各新老造车势力制订的售后服务规范之间存在非常大的差异，使得本来就服务万国车的售后市场更加复杂。

在汽车革命的上半场，主机厂和以动力电池企业为代表的零部件企业都拿出了各自的解决方案。

主机厂目前处在拼硬实力、拼软服务的阶段，尚未做技术和生态的共享。它们通过自建售后服务体系，把控售后服务的质量和覆盖面，确保高品质的服务落地，从而提高车主满意度和忠诚度。当新能源汽车的保有量增加，自建售后体系仍然需要不断扩展和完善，覆盖车主养车需求。自建售后服务体系如果无法跟上市场需求的增长，可能导致服务质量下降，投诉增加，进而影响企业品牌形象以及市场竞争力。

作为新能源汽车的核心，动力电池的维护保养尤为重要。由于系统涉及高压电等安全问题，不同产品的内部结构、工作原理也有所不同，动力电池的维修难度大，可维修性不足。电池厂商需要亲自搭建专业维修团队，及时响应车主需求，保证动力电池的正常运行和使用寿命。一些零部件，由于原厂配件渠道供应的缺乏，车主很难找到同等品质、价格更低的替代品，导致维修价格难以市场化。

因此，新能源汽车售后市场的发展需要上下游协同，融合共建。类似于途虎养车这样的独立第三方售后企业，门店布局覆盖各大城市以及下沉市场，可以为新能源汽车提供更广泛的售后服务网络。

凭借多年的实践，途虎养车构建了一套完善的标准化体系，可以确保服务的高标准落地。比如，"途虎八步"标准化服务流程已经经过多次迭代，为每个岗位、每项专业配备了详细的指导书；我们还为门店量身定制研发了配套的管理软件。数字技术的应用已经从最初的统一订单管理、统一收银和数字化基础经营延伸到进销存、价格、财务、员工、售后各个环节。

　　标准化作业的落地，人才至为关键。和传统燃油汽车售后服务不同，新能源汽车对三电技术有新能力的需求，但现有的技术队伍中多为机修技师，需要提升和发展其在电气化原理方面的全新能力。途虎养车为此搭建了一套完善的新能源汽车技师培训体系，设置了完全基于新能源汽车维修保养代表性工作任务的理论及实践课程。校企合作、产教融合模式也在同步推进。

　　尽管新能源汽车售后服务尚未达到需求最旺盛的阶段，但却有着一个确定性的未来。可以预计，随着新能源汽车总量的大幅度攀升，维修保养需求需要一个足够大的体量以及售后体系支撑。围绕这一未来，途虎养车希望与上下游企业协同合作，融合共建新能源汽车售后生态圈，助力新能源汽车产业发展。

深圳开思时代科技有限公司
创始人、CEO
江永兴

共建数字化质保体系　让车生活更美好

开思是一家成立于 2015 年的创业公司，定位为汽车后市场的数字科技公司。"开思"两个字，一个是开放，一个是反思。开放是指要无限地向外看；反思是无限地向内看，持续地改进。

如今，中国有 200 多个汽车品牌、近 10 万种车型，以及近 3.2 亿汽车保有量，这为汽车后市场和零部件服务链条带来极大的挑战。开思专注于为脱离保修期的汽车提供服务，以解决汽车后市场的零部件和服务问题。通过开放、共享的数字化基础设施，提高汽车维修与零部件供应的效率。

开思目前已在全国服务了 23 万家维修企业 / 业户，其中，每月活跃的有 7 万~8 万家。全国经销商 100 强中的 23 家已与开思深度合作。截至 2022 年，开思服务车辆台次达 2500 万，主要是事故和维修车辆。新能源汽车也是开思服务的重点领域，2022 年已服务新能源汽车 200 万台次。

新能源汽车比燃油汽车在品牌上更分散，但未来将会有一个集中的过程。目前，新能源汽车品牌数量众多，但每个品牌的平均保有量小，平均到单一车型的保有量更少。但头部新能源汽车品牌的授权店，服务车辆数远超燃油汽车。特斯拉平均一个授权店要服务近 5000 辆，新势力品牌在 1000 辆左右，而燃油汽车一个授权店平均只服务 400 辆汽车。

新能源汽车的服务呈现出不同的特征，背后的零部件及整个供应链体系也不一样。从我们的数据看，相对于燃油汽车，新能源汽车的保养、机修产值大幅下降，但钣金喷漆还有改装和精品的需求量在急剧上升。从产值看，特斯拉事故车的单车产值比宝马还要高。

开思已经建立了一张数字化的网络，连接了维修企业 / 业户和供应商。目前已接入了 7000 家全国供应商，打通了大约 200 亿 ~300 亿元的库存，这些库存几乎包含了国内所有车型。据统计，无论多老的车辆，其全车件在开思的供应商库存中找到零配件的概率高达 98.5%。

新能源汽车的数字化程度非常高，理论上每修好一辆新能源汽车，其零部件来源、维修人员的技术等级等都可以进行溯源，从而为车主提供优质服务。开思希望在行业监管机构的带领下，共建一个能让 4S 和非 4S 体系并轨的新体系，让每一位车主在整个车辆生命周期内都能享受完整的数字化服务。

为了更好地为车主提供优质、放心的服务，开思倡议：在行业监管机构的领导下，与专家和业内同仁一起共建数字化质保体系。现在，开思已在深圳开展了相关实践。

我们希望，用行业共建的数字化质保体系，让车主修车更放心，让车生活更美好。

地上铁租车（深圳）有限公司
高级副总裁
康平陆

商业模式创新和生态共建要解决用户痛点

新能源汽车发展到现在，还处在不断完善的过程中，不论是车辆续驶里程、整车生产制造成本、能耗表现，都在持续优化和迭代，都没达到理想状况。如何帮助客户降低产品选择和服务保障的不确定性，通过时间换空间，把TCO降下来？如何把车辆的停驶、停放时间充分利用起来，降低运营成本，提高效率，就显得非常重要。因此诞生了商业模式的变革需求，这是地上铁在市场上得到客户的认可和支持、得到整车制造企业支持的原因。

地上铁解决的核心问题是，通过运营模式的创新，降低客户的不确定性；通过商业模式、金融服务产品模式，降低初始资金投入，通过时间换空间，把TCO消化掉；通过数字化、产品标准化，降低整个运行过程的管理成本。

第一，与汽车企业合作基于场景进行标准化和定制，把车辆全生命周期做得更长，最终降低吨公里成本。我们与几家行业头部汽车企业一起，从过去整车3年到后来5~6年，甚至8年的全车质保和更长寿命周期设计，实现了每千米成本下降超过1/3。

第二，构建面向全网和全生命周期的服务网络。车辆的寿命不仅取决于初期制造，与后期维护保养，甚至翻新再制造都有非常大的关系。同时，在这个过程中，也要让客户愿意轻松、简便地做一些保养维护。为节省客户的时间，驾驶员只要下单预约，地上铁工作人员就到达客户场站，帮助客户利用闲暇时间提前做好车辆养护甚至预防性维修，让车辆寿命拉得更长。

第三，资源共享和服务化。EV as a Service（电动汽车即服务）。在城市物流领域，每个细分行业都有波峰波谷的场景。波峰时，客户会不断购置车辆、租用车辆、寻找社会运力；低谷时，一些闲置资产、运力会消耗客户成本甚至管理费用。通过租赁或者共享运力池的方式，让不同行业资源共享，提高车辆出租率、资产利用率，帮助客户进一步降低成本。

通过前面8年的探索和试点，地上铁一方面累积了很多运营知识，另一方面构建了面向全网的服务网络，包括线上数字化车辆资产管理系统，还包括线下数百个服务网点以及8万多辆车辆的资源池。基于这样的能力，我们把过去的买车、管理车、买保养服务，变成不同的产品矩阵，针对不同客户需求组建不同的解决方案。

今天的头部物流企业更需要整体解决方案，让物流作业更加简便。地上铁就是让用户感受到使用新能源物流车，比使用燃油汽车更省钱、更节能。

推进中国汽车
产业现代化

01 全球汽车供应链的新变化新形势

02 跨国汽车企业加速推进战略转型

03 中国新能源汽车国际化发展趋势

第九篇
推进汽车产业
国际化发展

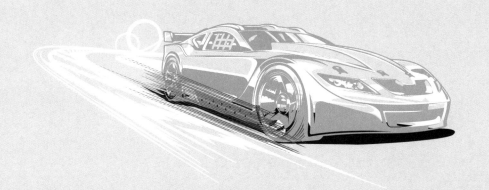

全球汽车供应链的
新变化新形势

欧洲汽车协会北京首席代表

戴　麟（Dominik Declercq）

稳定全球新能源汽车供应链的三大核心要素

新冠病毒疫情对全球汽车供应链的冲击正在快速减弱，在过去三年里，自身拥有比较完整的供应链，闭环程度较高的企业，在对抗供应链冲击的过程中展现了优势，取得了良好的市场表现。在全球新能源汽车供应链中，关键原材料、数据和芯片起到了至关重要的作用。

第一，关键原材料是新能源汽车动力电池发展的重要因素。建议各国政府通力合作，建立新能源汽车关键原材料的供应稳定机制，确保全球汽车行业在全球层面上对原材料获得的安全性，同时主动应对恶意涨价等破坏国际市场和汽车行业发展的行为。

第二，数据作为全新财富形式，即将在汽车行业价值链上发挥重要作用。汽车是全球化的产业，建议尽快建立汽车行业数据跨境流动的便利化措施，加强国际合作，通过双边、多边国际协议，尽快打通中国汽车行业与欧盟、日本、韩国、美国的数据链，推动汽车数字经济发展。

第三，充分自由的竞争是芯片产业发展的必由之路。随着电动化、智能化的推进，汽车行业应该和芯片行业建立更加紧密、更加稳定的合作关系，同时也需要相关国家政府的支持和引导。

汽车产业是全球化的产业，离开了国际化，汽车产业不能以最高效、最多元化的形式发展。汽车产业巨大的产业链与价值链在国际贸易、国际关系、地缘政治中应该起到稳定阀、镇静剂的作用。各国政府应该维护国际自由、开放、稳定的贸易营商环境，推进自由的合作和产品的自由流动，保障国际产业链的稳定与韧性。

大陆集团中国区总裁兼 CEO

汤　恩

全球汽车供应链的新挑战与新对策

全球汽车供应链的变化带来一系列挑战，包括不可预测的突发事件、结构性的供应短缺、供应链可持续发展的要求，种种不确定性将长期存在。

不可预测的突发事件对全球汽车供应链的影响倍增。在过去三年多时间里，多种突发事件层出不穷，包括全球大流行的新冠病毒疫情、日本地震、美国得克萨斯州暴风雪、德国水灾等自然灾害，俄乌的地缘政治冲突。这些突发事件都无法预测，造成了所在地区工厂停工、物流中断，对全球汽车供应链造成巨大影响，且这种不确定性将长期存在。

智能电动汽车快速增长拉动了汽车芯片需求倍增。近年来，随着汽车电动化、智能化和网联化的迅猛发展，智能电动汽车对汽车芯片的需求相对传统燃油汽车显著增加，其中大算力主控芯片、功率半导体和模拟芯片需求增长尤为明显。但芯片行业本身长周期的特点，造成了结构性供应短缺的持续。

汽车供应链可持续发展的要求倍增，以应对愈发严峻的环境问题。各国政府以立法、签署政策文件等形式，明确了碳中和目标。汽车整车和供应链企业也承担起相关责任，共同推动汽车产业绿色低碳发展。目前，汽车全供应链可持续发展工作刚刚起步，要达到完全再循环和碳中和目标任重道远。

大陆集团及业界同仁也采取相关措施，努力提升供应链韧性和灵活度，构建更全面和深入的全供应链合作与信息共享机制，共同打造可持续发展的汽车供应链生态系统，并且取得了一定进展。

第一，加强供应链上下游更紧密的合作。通过建立有效的供应链数字化平台，在平台上进行信息交换，实现资源优化配置，提升交易效率，降低交易成本。

第二，快速提升供应链韧性和灵活性。除了继续巩固全球供应网络之外，积极推动多点供应和国产化，在各应用场景积极推动工业4.0方案，确保供应链高效、高质量发展。

第三，积极推动可持续发展，打造绿色低碳供应链体系。加速供应链低碳转型和可持续发展，全面激发供应链减排潜能，加强供应链透明度和可追溯性，定期评估和发布实时的碳足迹报告以及能耗数据，通过数据支持减少供应链碳排放和能耗。

黑芝麻智能科技有限公司
CMO
杨宇欣

构建自主汽车技术体系标准

中国汽车产业正处于智能化和电动化领域技术体系形成过程中，并逐渐形成了自己的一套技术体系。同时，上游核心零部件企业也在形成自己技术体系的过程中，且自主汽车技术体系占据越来越重要的位置。除了黑芝麻智能，还有芯擎、芯驰、地平线等企业是国内汽车芯片领域的代表。要推动中国汽车产业融入全球化，以下四点是关键。

首先，尽快建立相对领先的技术体系标准。随着中国市场的发展，中国汽车产业开始在智能化和电动化领域走入无人区，首次在技术领域领先。因此，建立标准是至关重要的。最近工业和信息化部发布了《国家汽车芯片标准体系建设指南（2023版）》，第一次提出在汽车芯片领域建立自己的体系。

其次，与国际汽车企业展开合作，对于中国汽车产业融入全球化技术体系至关重要。我们与奔驰、宝马等众多国际汽车企业都在进行积极交流，中国本土零部件企业和核心供应商，在满足中国市场需求方面发挥着重要作用。在国家政策和其他引导方面，更多地支持国际汽车企业跟本土供应商合作也很重要，可以更好地反哺中国汽车产业融入国际化的技术体系。

再次，走出去参与国际标准制定也很重要。现在很多汽车领域的标准制定，都没有中国厂商的影子，特别是没有上游零部件厂商的影子。中国企业可以通过参与行业专业研究机构，如电动汽车百人会等，参与国际新能源汽车或者智能化汽车新的标准制定，从而更好地融入248全球技术体系。在参与标准制定的过程中，中国汽车产业可以影响标准的制定，使其更加符合中国的实际需求。通过这种方式，中国技术和产品能够更好地适应全球市场需求，提高在国际市场的竞争力。

最后，资本方面也需要重视。中国零部件芯片企业更多地跟国际资本结合，资本和产业的融合趋势越来越明显。中国硬科技和产业技术不仅吸引了本地化资本，还有来自其他国家的主权基金等国际化资本。政府可以通过引导和鼓励的方式，让国际资本更好地融入中国技术产业，支撑中国技术科技发展。这样，中国资本不仅可以支撑本国科技发展，还能用全球资本支撑中国核心技术企业的发展，推动中国汽车产业融入全球化。

02

跨国汽车企业加速
推进战略转型

大众汽车乘用车品牌中国 CEO、
大众汽车集团（中国）集团
销售负责人

孟　侠

在华外资汽车企业加速电动化数字化转型

大众汽车集团与中国汽车近 40 年携手共进，和中国合资企业伙伴一起，持续推动中国汽车产业发展，不断满足中国消费者需求。与 40 年这一数字相匹配的，是截至 2022 年大众在中国交付的 4000 万辆汽车。这意味着大众汽车在中国的 40 载，收获了超过 4000 万用户的信任。销量并非衡量成功的唯一标准，实现高质量、绿色可持续发展是大众汽车集团的战略方向。在 "goTOzero" 战略指引下，大众汽车致力于在 2050 年实现碳中和。

尽管目前行业面临着些许挑战，但中国引领世界电动出行变革的势头不可阻挡。以 2022 年中国汽车市场为例，每四辆售出的新车中就有一辆新能源汽车。电动出行已逐步成为消费者的优先偏好，相关产业配套也愈发成熟、完备。领先的互联互通和娱乐功能，成为中国消费者对产品的基本要求。

在战略规划上，在 2023—2027 年，大众汽车集团将在全球市场投入超过 1800 亿欧元，对于中国市场来说，这一举措将强化大众汽车集团在中国数字化领域的实力和产品竞争力。到 2024 年，大众将与中国合资企业伙伴共同在电动出行领域投资 150 亿欧元。2030 年年底前，大众汽车集团将完成绝大部分中国车型的电动化。

此外，我们正在以 "在中国，为中国" 战略为指导，加强本土软件和研发能力。我们将持续提升产品的互联和数字化程度。大众汽车品牌、奥迪、CARIAD、零部件部门等在内的区域研发部门将承担起更多在互联互通、自动驾驶、电池等领域的职责。大众汽车集团的软件子公司 CARIAD 现已落地中国，这一举措旨在使集团能够更迅速、高效地研发出针对中国消费者需求的软件。此外，我们还与世界领先的自动驾驶技术提供商之一——地平线展开合作。以真正的"中国速度"发展前行，我们正在安徽的新能源汽车中心，打造一套完整的新能源生态系统。

在产品方面，大众汽车 ID. 系列和奥迪 e-tron 系列推动了集团电动化发展的强劲势头。大众将在中国推出首款纯电动轿车 ID.7，以进一步扩大纯电动车型产品阵容。

在充电基础设施方面，大众与开迈斯（CAMS）共同推进充电基础设施建设，到 2025 年，在中国建成的充电终端数量，将从现在的 9500 个增至 17000 个。

对汽车行业未来发展，应尽快做好政策布局。首先，建议将新能源汽车购置税免征期限延长至 2023 年以后，并制定相对稳定的政策框架；其次，建议加快中国充电基础设施建设，例如增加居民区充电墙盒的数量；再次，建议加强锂和芯片等关键材料和零部件供应的稳定性；最后，建议加强智能互联汽车布局。

大众汽车正加速向电动、智能和互联出行时代转型，在电动出行新时代，将继续加大投资力度，进一步深化"在中国，为中国"战略布局，持续满足中国消费者需求，为行业、合作伙伴乃至整个社会发展做出积极贡献。

沃尔沃汽车亚太区
总裁兼 CEO

袁小林

推动新能源汽车可持续发展

新能源汽车发展的最终目的，是推动整个人类生存环境的可持续发展。所有利益相关方都应该以更长的视野和更宽的视角加强探讨和协作，摸索融合发展方式，才能实现新能源汽车可持续发展这个最终目标。沃尔沃汽车在可持续领域的努力，可以用三个关键词概括：前瞻、节奏、协作。

2017 年，沃尔沃率先提出全面电气化战略，拉开了汽车行业电气化转型的大幕。随后，进一步明确了到 2030 年成为纯电豪华汽车企业，2040 年成为气候零负荷标杆企业这两大战略目标。

回顾整个汽车工业发展史，沃尔沃始终在可持续领域敢为人先。早在 1945 年，沃尔沃就开始利用再制造零部件进行汽车生产，20 世纪 70 年代发明的带氧传感装置的三元催化器，将汽车尾气有害物质排放减少 90% 以上，是全行业可持续努力的代表之一。可持续和安全是沃尔沃汽车的两大品牌基石。这些前瞻反映的是近百年来，沃尔沃一以贯之地对环境的珍视、对自然的尊重。

2021 年，沃尔沃实现了全系车型电气化，2022 年，全新纯电动旗舰 SUV 沃尔沃 EX90 正式发布，开启了沃尔沃电气化转型新时代，未来每年都有全新纯电动产品面世。

保持节奏的内核是务实和理性的心态。近几年来，新能源汽车广受关注，发展过程大开大合。在此背景下，沃尔沃保持清醒的头脑，遵循基本的商业规律，新能源汽车的发展不会一蹴而就，而是需要长期主义的态度。流水不争先，争的是滔滔不绝。

协作，是沃尔沃汽车可持续发展的底色。沃尔沃的中短期目标，是到 2025 年每辆汽车全生命周期的碳排放降低 40%，并降低整个价值链的二氧化碳排放量。这个目标涵盖了从研发、生产、物流到销售的整个价值链。其中，将上下游合作伙伴充分整合形成合力尤为关键。2021 年，沃尔沃发起了中国汽车界第一个可持续发展科技日，搭建了和供应商伙伴高效交流的平台，还在以中国为核心的整个亚太地区推出"2025 百分之百可再生能源行动"，鼓励和推动供应商在 2025 年之前，实现可再生能源的使用。

沃尔沃汽车的 2040 年目标包括了气候零负荷、实现循环经济和商业道德与责任三个部分。三者之间相互补充、相互推动，形成了完整的战略体系。从整个行业角度看，可持续体系的建设至关重要。衷心希望社会各界共同携手，围绕新能源汽车可持续发展形成合力，为汽车产业更好地发展，为实现双碳目标，为全社会绿色环保做出应有的贡献。

03

中国新能源汽车
国际化发展趋势

长安汽车总裁、党委副书记

王　俊

智电新汽车　共创新生态
在新赛道上打造世界级品牌

智能电动汽车将引领中国现代产业体系重塑。作为一种新的先进生产力，智能电动汽车将成为构建中国现代产业体系的重要驱动。

其一，新的技术突破。科学技术是第一生产力，是先进生产力的集中体现和主要标志。过去每一次工业革命，汽车最后都成为消纳技术创新要素的最大载体。当前，人工智能、通信、半导体、新材料、制造工程等都呈现技术突破的态势，推动着传统汽车向智能电动汽车快速迭代升级。

其二，新的生产要素快速上车。当下，新的生产要素不断涌入汽车产业，如自动驾驶的训练需要大量的感知数据、服务化的软件架构、空天地融合的信息交互资源等，这些生产要素都将驱动智能电动汽车治理水平快速提升。

其三，新的效率提升和价值创造。智能电动汽车从冰冷的机器向有知识、有情感的伙伴进化，不断地解放人的时间和空间，为人类带来效率提升和新的服务价值。

智能电动汽车是人类第一次有机会在同一个时间和空间的维度上满足出行、能源、信息交互三个方面的刚性需求，具有非常广阔的想象空间。如果智能电动汽车是新生产力的表现，发展智能电动汽车必须要有与之相适应的新的研发范式、合作方式、资源体系、商业模式。

首先，汽车研发将变成一个持续的过程。产品的交付并不意味着研发过程的结束，开发过程将伴随用户使用全周期。用户和汽车互动的数据反馈到整车后台，后台可以实施自适应学习。

合作方式也将发生变化。在新的生态和环境下，汽车的产业链、供应链合作方式将从原先链式的商业交换关系逐步转变为新的战略合作伙伴管理关系，零部件生产分工也将转向零部件企业和整车企业共同面对客户需求。

从资源体系的角度看，智能电动汽车将带来大量的新的合作生态的资源需求，包括通信、芯片、软件、地图等。这也是当下传统汽车企业、造车新势力企业、ICT 企业以及很多国外新型汽车产业进入者在中国智能新能源汽车赛道上同台竞技的原因。

商业模式上，汽车的销售将从一锤子买卖变成全生命周期的资源获取。随着软件定义汽车时代的到来，汽车的大部分功能将从原有的链状产业模式变成全过程提供服务价值，形成新的商业模式。

蔚来汽车供应链发展副总裁

潘　昱

中国新能源汽车产业链融入全球市场的机遇与挑战

中国新能源汽车产业融入全球市场，有三点重要的驱动因素。

首先，从产品结构上，国内汽车企业"出海"具备时间上的代际优势。相比于传统燃油汽车，中国新能源汽车在全球销售规模占比超过 60%，产业规模化带来了整个新能源汽车产业价值链上的成本优势，从而使中国汽车企业在全球范围内具有很强的市场竞争力。

其次，在细分市场，高端电动汽车品牌在国际市场具有更大的发展空间。2022 年，在全球高端品牌汽车细分市场销量达到 800 万~1000 万辆，市场渗透率接近 12%，从市场容量来看，定位于高端产品是发展国际市场的重要驱动力。

最后，创新技术的应用落地带来规模化的场景优势，国内各个汽车企业都在做全栈自研技术平台，例如高算力自动驾驶硬件和快速迭代的软件算法、域控制器、中央控制器等。高研发投入带来的产品优势，将更好地服务全球车主，提高用户使用智能电动汽车产品的创新体验。

中国新能源汽车产业融入全球市场的底层逻辑和方向清晰明确，但在产业链、供应链方面存在一些复杂场景方面的挑战。

第一，受全球不同区域文化和消费习惯影响，中国新能源汽车产业"出海"存在产品和相关标准方面的规划和布局挑战。欧洲地区消费者倾向于紧凑车型，北美市场倾向于 SUV 和皮卡等产品，不同消费习惯将增加中国汽车企业全球化产品规划和布局的复杂度。同时，国际市场对于产品体验、合规、可持续发展、低碳等方面的进入标准要求，也是"出海"前需要考虑的重要因素。

第二，企业的战略定力对于产业链"出海"至关重要。中国新能源汽车产业"出海"面临长期坚持投入的资金压力。从供应链角度需要坚定长期的合作伙伴发展体系，对于国际市场的部分产业链缺失、产能不足情况需要重新布局国内已有的成熟工艺和产品，提前制定行之有效的补短措施。

第三，企业面临全球运营和组织能力方面的考虑。企业需要通过提升先进智能制造水平，减小国内和国际市场在制造成本上的差异，同时维持国内外同步高频率的产品迭代节奏。另外，企业需要具备先进架构并可长期迭代的数字化系统，保障国内外协同，降低供应链的不平衡性。

蔚来高度重视核心合作伙伴的重要性，基于全生命周期成本的最优视角和价值观契合度，来选择全球范围的核心长期合作伙伴，形成国内外市场的长期高质量协同优势，同时，积极吸收国外先进技术和经验，携手"出海"。

瑞浦兰钧能源股份有限公司
营销副总裁

张小聪

中国动力电池产业全球化面临三大挑战

对于我国动力电池企业来说，走出国门，在全球市场竞争中独树一帜，是非常重大的课题。

面对行业竞争加剧、产业加速洗牌的新形势，动力电池企业要生存，必须在以下六个方面取得优势，包括知识产权布局、技术创新、极限制造、供应链管控、经济实力，以及企业内部管理。因时间有限，我仅择取其中三点进行说明。

第一是知识产权布局。这是中国企业走进国际市场面临的一个非常大的潜在风险。前几年，韩国两大电池企业在美国打官司，中国企业还是看客，但是当我们走进国际市场时，知识产权就是一个风险点。国内的知识产权纠纷，是在企业和政府可控范围之内进行的，但是在国际上遇到这样的问题，对企业来说可能就是致命性打击。

第二是企业的技术创新能力。总体上，最近8~10年，中国动力电池在技术方面取得了长足的进步，走出国门到海外抢项目是有底气的，但走出国门后竞争对手更加强大，这种能力能否持续、能否加强很关键。尤其是在行业不景气、企业经营遇到困难时，能否持续地加大研发投入是极大的考验。

2022年8月，瑞浦兰钧在美国发布了磷酸铁锂电池，通过对电池内部结构性的创新，极大地提高了锂电池的能量密度，目前，搭载瑞浦兰钧磷酸铁锂电池的车辆可以续驶700千米，搭载瑞浦兰钧中镍电池的车辆可以续驶1000千米。

第三是极限制造。动力电池是一个规模效应、规模制造的产业。一方面上游原材料降低成本很重要，另一方面还需要通过极限制造降低成本。比如良品率提

高一个百分点，10 吉瓦·时产量的电池厂一年就可节约 6000 多万元成本，100
吉瓦·时产量的厂家可以节约 6 亿元成本。目前，瑞浦兰钧某些型号电池的良品
率已经达到 96%，这个指标在行业内是非常高的。我们开发的高速高级铝壳生
产线已经达到 400ppm$^{\ominus}$，单条生产线产能达到 6 吉瓦·时以上。我们还在开发
60ppm 的高速生产线，生产成本还会继续降低。

　　开发高速生产线、提高产能和效率、降低人工投入、降低售后服务成本，都
是实实在在的降低成本的措施，目前市场虽然很火爆，但其实我们的产品做得还
没那么好。

　　$\ominus$　ppm（pieces per minute）指每分钟生产的产品数量。

推进中国汽车
产业现代化

01　汽车生产企业及产品准入管理

02　新形势下的汽车产业对外投资管理政策

第十篇
新能源汽车产业
管理思路

01

汽车生产企业及产品
准入管理

中国汽车工业咨询委员会
主任

安庆衡

深化我国汽车管理体系与机制改革十分必要

我国汽车产业管理体制改革的必要性和紧迫性，既源于内外部形势的快速变化，也源于中国汽车产业有很多新老问题尚未解决，消费增长带来的交通拥堵与污染，与现有管理体制的矛盾冲突又开始集中显现。要保障我国汽车产业行稳致远，对多年沿用下来的管理体制进行适应性调整就显得十分必要，我国对汽车的管理，应该由管理购买向管理使用转变。

汽车使用管理是通过法律、经济和科技手段调节汽车使用。新加坡、英美等国家通过收取拥堵费调节车流量，谁在市场上用车多，造成的环境负担重，谁就多承担责任。而购买管理主要是限购，是应对城市交通拥堵和环境污染的应急举措，目的是通过源头控制汽车总保有量。要推动这种管理方式转变，存在一定难度。

一是社会经济在发展，购车需求在增加，保有量在增加，管理难度越来越大。二是北京等大城市以及其他汽车保有量为300万辆以上的大城市放开限购有实际困难，解决问题需要一定时间。三是传统购车观念、用车观念、停车收费等使用管理办法根深蒂固，很难改变。四是实施多年的成品油消费税办法不容易改变。五是汽车使用管理涉及多部门、广大汽车拥有者，改的难度较大。

从购买管理转向使用管理，就是从限制购买转向限制使用。实现不限制购买以后，想买车，特别是非常需要车的消费者，可以不受限制地买车，同时通过管理让大家自愿少用。具体建议如下。

1）放开限购是推动购买管理向使用管理转变最直接的办法，也是倒逼加强使用管理的办法。建议有关部门出台关于放开限购的指导性文件，推动地方政府逐步放开限购。增加号牌指标投放，也是推动汽车由购买管理向使用管理转变的重要举措，一下子取消限购不成，增加号牌投放过渡也不失为好办法。

2）加强汽车文化建设，推动二手车市场繁荣。良好的汽车文化是促进汽车使用管理的重要一环，推动汽车消费观念转变，二手车放开能解决一部分人的用车需求，又不增加总量。

3）多措并举加强使用阶段管理。一是可以考虑实施关键路段通车收费。二是调控小客车使用需求，降低小客车使用强度。各大中城市应努力推动公共交通建设，制订适合本地情况的交通管理和停车收费办法，让人们养成"非必要不开车"的习惯，"以静制动"，解决拥堵问题。三是结合智能交通和自动驾驶发展趋势，在适当的时候研究推出新的通行管理措施，更多利用科技手段赋能交通。

4）加强一人多车管理，释放低利用率车辆名额。北京市正在进行"一人名下多车"治理，推动个人名下第二辆及以上在本市登记的小客车有序退出，释放出利用率低的车辆名额投放给有迫切购买需求的无车家庭。

5）限购大城市要改革和调整购车政策。北京、天津等城市可在车辆投放总量不变的前提下，考虑设置郊区专用车牌，放开郊区限购，既促进消费，又不会加剧城区拥堵。或者在保证投放一定数量给有购买需求的无车家庭的前提下，减少城区新增指标，增加郊区车辆投放。

6）推进成品油消费税和汽车消费税改革。现行税收政策下，汽车购置环节税负较重，使用环节税负较轻。可以考虑提高成品油消费税单位税额，一方面支持新能源汽车发展，另一方面引导节约用车。在消费税方面，可以考虑将征税环节由生产端后移至销售端，并由中央和地方政府分成，激发地方政府的管理动力。

交通运输部管理干部学院教授、
嘉兴南湖路空协同立体交通
产业研究院副院长

张柱庭

建议创立《中华人民共和国机动车辆法》

我就制定《中华人民共和国机动车辆法》提出几点意见。

一、关于《中华人民共和国机动车辆法》的立法框架建议

我建议国务院有关部委、国务院立法部门、全国人大法制工作委员会研究《中华人民共和国机动车辆法》的立项，立法框架如下。

第一章总则。主要规定立法目的、适用范围、机动车辆定义、机动车产业在国民经济社会发展中的地位、国家对机动车辆发展的基本原则、机动车辆产业链条关系、涉及机动车辆管理有关主管部门职责分工等。

第二章机动车辆的研发。主要规定机动车辆的研究、测试场测试、道路测试、成果应用、研发新业态政策。

第三章机动车辆的制造。主要规定机动车辆的设计资质、型式认可、车用产品检验认证、制造资质、整车检验等。

第四章机动车的销售。主要规定机动车辆的销售资质、市场管理、不公平竞争的审查、旧车交易等。

第五章机动车辆的登记与检验。主要规定机动车辆上路许可、机动车辆运输经营许可、非道路使用、机动车辆的检验等。

第六章机动车辆的售后服务。主要规定机动车辆的保养、机动车辆的维修、机动车辆配件的销售等。

第七章机动车辆的报废。主要规定机动车辆的报废与强制报废、机动车辆的回收、机动车辆报废后的再生利用等。

第八章机动车辆的安全。主要规定道路交通安全、非道路交通安全、数据安全、网络安全、个人信息安全、产业链安全等。

第九章监督检查。主要规定行政机关的监督检查及部门分工与合作、监督检查的行政强制措施、社会监督等。

第十章法律责任。主要规定产品缺陷责任、产品缺陷责任的追偿、道路交通事故中产品缺陷的认定，以及违反本法的行政处罚等。

二、立法的必要性

为什么要制定《中华人民共和国机动车辆法》，我从两个方面进行说明。

第一是法律的引领性。过去法律界很多人认为，法律是对已有经验的固定，因此必然是相对滞后的。这个观点有一定道理，但忽视了法律的引领性。党的十八届四中全会《中共中央关于全面推进依法治国若干重大问题的决定》提出，"必须更好发挥法治的引领和规范作用"之后，法律界开始重视法律的引领性作用。通过《中华人民共和国机动车辆法》的制定，确定机动车辆产业作为国民经济支柱产业地位，引领机动车辆关联行业，包括传统能源和新能源行业的发展；通过确定机动车辆技术创新的地位，引领机动车辆相关钢铁、电子、机械、化工、能源、卫星、交通等行业的技术创新。特别是随着自动驾驶技术的不断迭代进步，智能网联汽车、飞行汽车的融合发展，其引领作用越来越明显。

第二是法律的规范性。最近有些地方出台了汽车登记限制政策，影响到汽车销售。这些案例是地方人大立法、地方政府规章、地方政府规范性文件和国家法律的层级关系。鼓励汽车销售的多数是部委规范性文件，限制汽车登记的多数是地方法规和地方政府规范性文件，但很难说部委规范性文件的效力就高于地方法规和地方政府规范性文件的效力。如果有《中华人民共和国机动车辆法》规定的不得限制原则，地方法规、地方规章就不能和法律相抵触，机动车市场就规范了。

三、区分政策、标准、法律三个工具的功能

在机动车辆研究领域，很多观点对政策、标准、法律三个调整工具的功能不加区别，可能造成诸多误读。

一是政策工具。政策工具包括地方人民政府及有关部门发布的规范性文件，部委、国务院发布的规范性文件，侧重于方向的引领。政策工具在内容上更多体现行政补助、行政补贴、行政规划等；在时效上更多体现阶段性特点，目前出台的政策数量较多，质量也高，对机动车正向发展起到了积极作用，但也有一些会妨碍机动车发展。此外，政策部门数量多、比例大、碎片化，需进一步完善、完整并提升规格。

二是标准工具。标准工具包括国家标准、行业标准和地方标准。传统机动车辆的技术标准是相对完备的，但在自动驾驶、网联汽车等方面差距较大。标准在稳定技术成果、统一技术标准方面，起着政策和法律不可替代的作用。目前的问题在自动驾驶、网联汽车方面，突出的问题有：用场景化去适应复杂化道路交通、用单一先进技术去适应通用性道路交通。

三是法律工具。全国人大常委会通过的是法律，国务院总理令发布的是行政法规，部委令发布的是规章。法律能固定标准、提升政策并赋予政策强制性，具有规范性特征。目前全面调整机动车辆有关关系的全国人大常委会通过的法律还是空白，导致地方"出风头立法"积极性较高。因此，区分政策、标准、法律三个工具的功能很有必要。

中国科学技术大学公共事务学院、
网络空间安全学院教授

左晓栋

智能网联汽车吹响数据安全治理号角

当下智能网联汽车技术不断发展，车辆和用户产生的大量数据成为汽车企业的重要资源。但随着数据泄露和隐私问题的不断曝光，对于智能网联汽车的数据安全监管问题显得越来越重要。智能网联汽车数据安全治理需要关注以下四点。

对待重要数据的申报应当更加认真。《汽车数据安全管理若干规定（试行）》中，已经对汽车重要数据进行了分类，但是在申报数据出境时，有的汽车企业可能只申报了个人信息，却没有申报重要信息。大家普遍担心如果有重要数据，是否需要承担更多的法律责任？申报数据出境时的程序是否更加复杂？因此，《汽车数据安全管理若干规定（试行）》中规定的汽车重要数据，是根据当时的认知制定的，现在可能不再完全适用，需要及时完善和修订，并对汽车企业申报程序进行规范。企业也不应简单地规避重要数据，应根据具体情况提供完整的申报数据信息，尤其是随着国家标准《中国数据识别指南》的逐步完善，对于重要数据的认知也需要与时俱进。

汽车企业需要注意与总部传输数据的问题。现在汽车企业申报数据出境评估时有一种情况，即总部在中国，向境外分支机构传输数据，或总部在境外，分支机构向总部传输数据，这是企业全球集团内部数据传输的情况。虽然《中华人民共和国数据安全法》和《中华人民共和国个人信息保护法》规定了三种数据出境方式，但并没有约束 BCR（Binding Corporate Rules，即具有约束力的公司规则）的出境模式。

BCR 是欧盟用得比较多的一种数据出境模式，适用于跨国集团总部和分支机构或者不同的分支机构之间传输数据。虽然企业内部传输数据不需要很复杂地找主管部门审批、签合同，但是，当前国家法律并未明确这种出境方式，因此，我们需要对 BCR 模式做进一步研究，提出可行的实施方案，认可这种模式，并与国家网信部门合作。

此外，对于全球集团总部制定的数据出境约束性规则，需要承诺遵守中国法律，并确保在其他国家或总部所在国能够实施。

国外装备和软件的使用需要谨慎处理。智能网联汽车的硬件和软件可能来自国外，存在数据泄露风险。因此需要加强安全审查，建立合规的安全标准和认证机制。汽车企业需要对引进的外国装备和软件进行充分审查，并确保它们符合中国法律要求。如果发现任何安全隐患，应立即采取措施予以解决，以确保汽车数据安全。

需要加强监管机构的能力和资源。我国汽车数据安全管理法规需要更加完善，监管部门需要加强对智能网联汽车数据安全的监管能力，包括技术、人员和资源的投入。同时，还应对汽车企业进行指导和培训，以提高其对数据安全的认识和重视程度。需要明确数据出境的规则和标准，制定更加完善的数据保护措施，加大对违规行为的惩罚力度。

总之，我国汽车数据安全管理法规需要更加完善，同时，汽车企业要认真遵守国家相关政策和法规，以便更好地保护用户隐私和数据安全。

新形势下的汽车产业
对外投资管理政策

商务部对外投资和经济
合作司原商务参赞

陈 林

"走出去"是实现汽车强国的必由之路

我讲的主题是汽车企业"走出去"是实现汽车强国的必由之路。2022年我国汽车产销量为2700万辆左右，位居世界第一，超过第二名美国约一倍（新车产销量，不含二手车），是名副其实的汽车大国。但与汽车强国相比，不论是品牌影响力、创新能力、国际化水平等还有差距。近两年新能源汽车异军突起，汽车出口量快速增长，均显示这一差距正在缩小，我国正由汽车大国迈向汽车强国。

商务部颁布的《境外投资管理办法》（以下简称《办法》）明确企业开展对外投资，依法自主决策、自负盈亏。各级商务主管部门按照企业境外投资的不同情形，分别实行备案和核准管理。核准管理的国家是未建交的国家、受联合国制裁的国家等，对敏感行业的出口，国家也实行核准管理，主要是限制出口敏感产品和技术的行业。

《办法》指出，企业应当客观评估自身条件、能力，深入研究投资目的地的投资环境，积极稳妥开展境外投资，注意防范风险。商务部会同有关部门为企业境外投资提供权益保障、投资促进、风险预警等服务。

商务部发布的《对外投资合作国别（地区）指南》、国别产业指引等文件，帮助企业了解投资目的地投资环境，加强对企业境外投资的指导和规范。会同有关部门发布的环境保护等指引，督促企业在境外合法合规经营；建立对外投资与合作信息服务系统，为企业开展境外投资提供数据统计、投资机会、投资障碍、风险预警等信息。

近几年，世界经济在世纪疫情叠加百年变局中遭受重创，以2020年为例，经济出现 3.1% 的负增长，全球商品贸易量萎缩 5.3%，跨国直接投资下降近四成。但我国积极应对各种不确定、不稳定因素，对外投资合作规模和质量水平再上新台阶。《2021 年世界投资报告》统计显示，2020 年全球对外直接投资 7398.7 亿美元，同比大幅萎缩 39.4%。2020 年中国对外直接投资逆势上扬，达到 1537.1 亿美元，同比增长 12.3%，占当年全球对外直接投资份额的 20.2%，同比提高 9.8 个百分点，接近翻番。

2022 年，我国对外投资稳中有进，直接投资 1465 亿美元，增长 0.9%。其中，对外非金融类直接投资 1168.5 亿美元，增长 2.8%。主要特点如下。

一是对"一带一路"沿线国家投资合作稳步推进。我国企业在"一带一路"沿线国家非金融类直接投资 209.7 亿美元，增长 3.3%，占同期总额的 17.9%；在沿线国家承包工程完成营业额 849.4 亿美元，新签合同额 1296.2 亿美元，分别占总额的 54.8% 和 51.2%。

二是部分行业对外投资增长较快。投向批发和零售业 211 亿美元，同比增长 19.5%；投向制造业 216 亿美元，同比增长 17.4%；投向租赁和商务服务业 387.6 亿美元，同比增长 5.8%。

三是地方对外投资活跃。地方企业对外投资 939.2 亿美元，较上年增长 13.1%，占总额的 80.4%。其中，东部地区对外投资增长 10.3%，占地方投资的 81.6%，广东、浙江和上海位列前三位。

四是收益再投资不断增长。多年来，超过七成中国境外企业实现盈利或收支持平，收益再投资金额和整体占比不断创新高。2020 年中国收益再投资 716.4 亿美元，同比增长 18.2%，占对外投资总额的 46.6%。

截至 2022 年年末，中国共在 190 个国家（地区）设立 4.6 万家对外直接投资企业，对外投资存量为 2.8 万亿美元，年末境外企业资产总额超过 8 万亿美元。

2017—2022 年，我国流向汽车制造领域的对外投资（从中国大陆对外投资）基本上每年都是 40 亿美元左右，到目前为止，已在境外设立汽车行业企业约 460

家。2022 年，我国汽车出口量达到 311.1 万辆，同比增长 54.4%，占汽车销售总量的 11.6%，其中，新能源汽车 67.9 万辆，同比增长 1.2 倍。汽车出口必然带动企业的对外投资，在境外设立产品开发、生产、贸易、售后服务等企业。

从世界各汽车强国的发展规律来看，销售到一定规模后，不论是因所在国的政策要求，还是企业的发展要求，企业都势必要在当地生产。目前，中国也走到这一步，汽车出口量不断增加，如果不在境外建厂，不仅贸易壁垒会越来越高，经营成本也会有更大压力。

现在中国汽车正在走向"在中国生产，在全球销售"，中国汽车企业"走出去"，将促进我国从汽车大国走向汽车强国，最终实现中国汽车"在全球生产，在全球销售"的汽车强国梦。

中国－东盟商务理事会
执行理事长
许宁宁

中国－东盟新能源汽车产业协同发展建议

近三年来，东盟成为中国第一大贸易伙伴，贸易额超过中国与欧洲和美国。同时，东盟也成为中国新能源汽车"出海"的重要目标市场。借助紧密的经贸合作关系，进一步加强新能源汽车领域的合作是当前需要考虑的重要方向。

第一，掌握中国和东盟的经贸情况。目前，中国和东盟已升级为全面战略伙伴关系，通过和发布了一系列双边和多边联合声明，并且正在执行包括产业合作、绿色经济合作的行动计划，建立了一系列双边、多边合作机制。2022 年 1 月 1 日生效的区域全面经济伙伴关系协定（RECP），为区域内新能源汽车合作带来了有利条件。

现在，东盟正积极推动新能源汽车发展战略和政策，各国基本都制定了相应规划，提出有关优惠措施、鼓励政策，把绿色经济发展、新能源汽车发展作为重要的发展导向。

第二，积极推动中国和东盟的行业对接、产业合作，改变企业单打独斗、散兵游勇，甚至恶性竞争问题。建议通过建立中国与东盟非官方、非营利性的新能源汽车行业合作委员会，更多地了解各自关注的重点，更有效地对接发展规划和政策，更有针对性地开展合作，实施好本土化经营。

第三，建议企业建立双边、多边自由贸易协定（FTA）经营战略和经营意识，利用好 FTA 规则。通过中国东盟自由贸易协定、RECP、中国与柬埔寨自由贸易协定等，叠加使用好 FTA，开拓更广泛的新能源汽车国际市场。